W0238184

ANNE SYLVESTRE
Une vie en vrai

De la même auteure

Double Je, Éditions des Équateurs, 2018.

Cesaria Evora, la voix du Cap-Vert, Babel, 2014.

Manu Chao, un nomade contemporain, Don Quichotte, 2012.

Johnny Hallyday, le roi caché, Don Quichotte, 2009.

Loin du Brésil, Claude Lévi-Strauss, Chandeigne, 2005.

Musiques du Maghreb, Chêne, 2002.

Le fado, Le chant de l'âme, Chêne, 1998.

Véronique Mortaigne

ANNE SYLVESTRE

Une vie en vrai

ÉQUATEURS

ISBN : 978-2-3828-4299-7.

Dépôt légal : avril 2022.

© Éditions des Équateurs / Humensis, 2022.
170 *bis*, boulevard du Montparnasse, 75014 Paris.

contact@editionsdesequateurs.fr
www.editionsdesequateurs.fr

À Luana, Morena, Thomas,

mes complices de yaourt à tout.

C’est vrai qu’on dit c’est beau la vie comme dans les livres
On rêve de la vivre aussi comme c’est écrit
Mais c’est déjà bien assez compliqué de vivre
On écrit son petit chapitre et ça suffit…

Anne Sylvestre, « Dans la vie en vrai », 1981.

I

Le phrasé du rire

Anne Sylvestre passait pour rabat-joie, parce qu'elle n'était pas d'accord. Par principe. Ce « non » frontal imposé à la pensée commune, aux punaises de bénitier, aux gros baraqués, aux bourrés de certitudes, aux (fausses) blondes, aux légitimes, l'a emmenée vers le large. Dans ce parcours en zigzag, Anne Sylvestre donnait des spectacles en forme de montagnes russes, avec pommes d'amour, barbes à papa, larmes et cruautés. Et son public, fervent, vivait à travers elle des chagrins, des révoltes, mais s'abandonnait aussi à des accès de rire incompressibles quand elle mimait le maquillage du deuxième œil, calvaire féminin s'il en est, ou disait son aversion pour la « Lettre à Élise » du « bon Ludwig », répétée à l'envi par une voisine qu'elle avait envie d'étrangler, et avec elle toutes les Élise.

Autrice de plus de quatre cents chansons à la poésie si classiquement française, elle joua le contre-emploi. Artiste majeure de la chanson française, elle a rempli des salles et détesté les foules, elle a été chantée à tue-tête, et elle a forgé la conscience démocratique de trois générations d'enfants français. Pour elle, l'humanité s'incarnait en chacun : Jules, Simone, Charlotte, Pierre-Jean, Clémence, Honoré, Xavier… Et puis Richard, son arrière-arrière-grand-père, chef de gare boiteux qui adorait les bateaux.

Anne Sylvestre maniait le comique comme pas deux, comme dans l'album *Les Arbres verts,* publié après *Au bord de La Fontaine*, descente initiatique et drolatique dans l'univers de Jean de La Fontaine. En 1998, sexagénaire déjà, la chanteuse de fond a quarante ans de carrière dans les mollets, et a acquis de la hauteur de vue. Et voilà qu'elle fustige et se raille, et on se marre : « La Reine du créneau » (hymne féministe), « Les Grandes Balades » (anti-promenades champêtres), « D'accord » (apologie des femmes mûres)… Honnête, trop honnête, elle avait aussi la dent dure envers elle-même. Elle ne s'épargnait guère, parfois râleuse, parfois hilare.

C'est de cet exercice de haut vol qu'est née la chanson « Ell' f'sait la gueule » : « *Quand ell' naquit c'était déjà / Un bébé qui n'rigolait pas / Et quand les autres nourrissons / Poussaient toutes sortes de sons / Elle elle fronçait les sourcils / Et plissant d'un air indécis / Son nez légué par un aïeul / Ell' f'sait la gueule.* » C'était tout elle.

Au fil des années, Anne Sylvestre s'est dégagée de ses schémas, des portraits de cathédrale, du Moyen Âge, de cette France paysanne paradoxale qui l'a construite et a créé son style. Elle est parvenue à cerner de mieux en mieux l'éphémère, les passages du temps, des êtres. Anne ne ressassait jamais. Elle se moquait, elle mimait, ronchonnait et éclatait de rire. Parfois, elle était de mauvais poil, envoyait promener les imprécis, les rabâcheurs.

De l'autre côté du poste de radio, on a eu envie de lui dire de mettre de l'eau dans son vin, d'arrêter de maugréer quand on lui parlait des *Fabulettes*, de cesser d'agresser Laure Adler qui avait eu le malheur de programmer dans son « Heure bleue », sur France Inter, l'une de ses chansons favorites, « Les gens qui doutent ». Au dernier accord de guitare : « Vous êtes là, Anne Sylvestre, dans ce studio, altière, resplendissante, avec une crinière rousse, jeune comme jamais... et pendant que nous écoutons la chanson, vous êtes là, pfff, pfff, pfff, pfff ! Vous ne vous aimez pas ? » Si, répond l'artiste. « Heureusement, mais le drame avec les chansons... »

On devine Anne qui bouillonne : « Encore cette chanson, mais pourquoi ? Qu'est-ce qu'ils ont tous avec ça ? Et puis je la chante mal, c'est un premier jet, c'est quand même pas la meilleure », etc., etc., etc. Avant de finir par raconter comment, un jour, un pompier de service était venu la remercier en coulisse les larmes aux yeux, et de conclure avec mauvaise foi : « Je ne savais pas qu'il y avait tant de gens qui doutaient. »

Anne Sylvestre était un anti-modèle, et elle le savait – elle en avait d'ailleurs fait une chanson : « *Trop tard / Pour être une star / J'ai le sourire difficile / Et la séduction qui dérape* », les plumes dans la tête, les paillettes pour habiter le cœur. L'artiste engage très tôt une entreprise de démolition du regard phallocrate porté sur les femmes, celles qui chantent (le physique, la mise en scène conforme au désir patriarcal, le vieillissement dans « Les Langues de pute »), et toutes les autres (« C'est les hormones Simone »).

J'aime la poésie d'Anne Sylvestre, sa posture, sa vivacité, ses combats. Auteure, compositrice, interprète, elle a composé une galerie de personnages, les a chantés de sa drôle de voix blessée, presque trop forte, avec des mots ciselés, des rimes à l'ancienne. En 2018, je lui proposais de réfléchir à un livre pour remettre les pendules à l'heure. Elle a dit oui, « mais pas une bio, ça n'a aucune utilité ».

Nous avons commencé avec un sommaire un peu tordu : « La question du nez », « Comment je suis allée une seule et unique fois chez Maritie et Gilbert Carpentier », « Un Sicilien débarque », « Je ne fais pas la gueule, je me marre » et, surtout, le chapitre essentiel à ses yeux : « Tout est dit dans mes chansons ». Puis il y a eu la vie, un peu de maladie, un peu d'hésitation, et l'arrivée soudaine et massive de la « distanciation sociale ».

Anne Sylvestre a imaginé des fables. Des poèmes qui se concluent par une morale, tout en discrétion tant elle est légère. La chanteuse a, écrit-elle en 2003 dans *Les Chemins du vent*, toujours essayé d'être « *le petit caillou dans les lentilles* », ajoutant : « *J'ai pris les chemins du vent / Et j'ai croisé en route / Toutes sortes de vivants / Qui doutent / Toutes sortes d'imprudents / Qui m'ont fait une fête / Leur insolence les rendant / Prophètes.* »

Évidemment, au bout du compte, ça fait du monde, ça fait beaucoup de prophètes, ça forme des dentelles de doutes, des écharpes de larmes, des empilements de douleurs, et on en rit ensemble, avec Anne, qui sait trouver les points faibles des « tricheurs », des « gros producteurs », des bourges, des couillons et des persécuteurs diplômés. Et moi, ça m'a plu.

Anne Sylvestre a résisté au cancer, à la mort de son petit-fils au Bataclan. En octobre 2020, après un concert, le dernier, à Vannes, pour le festival « Les Émancipéés » dont le nom lui plaisait tant, elle avait constitué une belle tablée de copains bretons dans le restaurant réservé aux artistes – la jauge de la salle était réduite de moitié, toute restauration publique interdite. Au *catering*, Anne, déjà physiquement affaiblie, avait commercé joyeusement, elle n'avait pas peur. On n'est pas obligé de faire comme tout le monde.

Elle était cette magnifique amoureuse du *Partage des eaux*, cette explosion de désirs, dont « les gestes barrières » nous disent qu'ils seraient sournoisement contagieux. Et pourtant : « *Larmes salées, baisers mouillés / La vie est là comme une houle / Tout effrayée de s'y noyer.* »

2

Nos impedimenta

On a tous nos humiliations. De 1 à 10 sur l'échelle de la douleur. Une blessure fondatrice : un truc de travers, une inconvenance, une couleur de peau, des familles disloquées, un viol, des guerres meurtrières, un exil, un strabisme. Pour ma part, la scène mère se joue avec une institutrice en blouse, Mme Juillet, de celles qui vous trouvent nul·le·s, idiot·e·s, sans avenir tracé, une espèce nuisible.

Ma mère travaille à la Poste. Elle fait des heures supplémentaires : à la fermeture des bureaux, elle aide les émigrés, travailleurs et illettrés, à remplir les mandats expédiés au bled pour nourrir les familles. Il y a dans ma classe de cette école de campagne de l'Oise, Chantal, la fille du gendarme. Elle a une natte, c'est déjà une enfant sûre de son bon droit. J'ai deux nattes, mais je suis timide, et déjà j'appartiens à la tribu des gens qui doutent.

La voici, se retournant et chuchotant avec un mauvais sourire : « Ta mère, elle couche avec les Arabes. »

Elle est un rang devant moi. Je tire sa tresse bien grasse. Je n'ai pas l'habitude, je ne sais pas coller des baffes, ni même réagir aux agressions verbales. C'est soudain, maladroit, et ça soulage.

Ma mère est fille mère, comme ils disent. Elle a rencontré mon père, un Portugais étudiant en ingénierie textile, à Mulhouse. Il est reparti sans nous emmener, entre autres parce que le Portugal vit alors sous le joug de Salazar, le fasciste, censeur, assassin, à la morale pesante. Les familles bourgeoises du Nord du Portugal emploient des bonnes habillées en robes noires et tabliers blancs. On couvre les meubles cirés de napperons en dentelle, et on ne tolère pas la liberté sexuelle.

Mon grand-père français, inspecteur des impôts qui terrorise les tenanciers de cafés-tabacs à coups de contrôles impromptus, est partagé entre son admiration pour Pétain – il faudra encore une génération avant que le souvenir du Maréchal ne s'estompe – et sa terreur de l'invasion ennemie. Il a vécu deux guerres. Il dort avec des pyjamas rayés, sans le faire exprès. C'est moi, plus tard, qui établirai un lien inconscient. La nuit, il fait des cauchemars, il crie des mots d'allemand et se réveille en hurlant « les Boches sont là ». Sa femme, ma grand-mère, dit qu'il n'a pas été très courageux pendant la dernière guerre, qu'il a un moment disparu et laissé partir sa famille sur les routes de l'exode, seule.

Parfois, mon grand-père tient des discours étranges, pour moi qui suis enfant. Il parle de moi :

« Non seulement elle n'a pas de père, mais en plus, il est étranger. »

J'aime ma mère parce qu'elle aime les étrangers. Plus tard, je m'enfuirai loin.

Coucher avec des Arabes n'est pas une infamie. L'infamie, c'est la morgue, le mépris de l'idiote à la natte propageant comme un vent mauvais ce qu'elle a entendu chez ses parents. Elle hurle, m'accuse. « Au coin », aboie en retour Mme Juillet. J'explique : « Elle a dit que... » « Au coin », elle me tire par l'oreille et ajoute, haut et fort : « De toute façon, avec les filles qui n'ont pas de père, c'est toujours comme ça... » Je vais mariner au fond de la classe jusqu'à la fin des leçons de l'après-midi.

Bien sûr, je souffrirai des répliques assez constantes de cette humiliation constitutive. Mais j'en ferai aussi un chemin de vie, politique, révolté, voyageur. Et Dieu sait qu'elles m'auront touchée, ces chansons de Serge Gainsbourg qui porta l'étoile jaune avant d'épouser Jane B. et de faire du reggae, et celles aussi d'Anne Sylvestre qui surent rétablir les femmes dans leurs droits !

Ne croyez pas que ce soit fini. Elles le savaient bien, ces artistes au poing levé : Juliette Gréco, ennemie viscérale du Front national ; Barbara, au chevet des malades du sida et des prisonniers ; la jeune Diam's nettoyant de son kärcher à mots une France aveugle à ses banlieues et à ses talents. Et puis ceux-là qui ne sont pas racistes, défendent les sans-papiers, mais se figent au mot « homosexuel » et n'ont jamais permis à Juliette Gréco de dire son amour pour Françoise Sagan.

Ce n'est pas fini. Les comptes ne sont pas réglés depuis le temps de l'esclavage ou des empires coloniaux, la guerre d'Algérie continue de nourrir les contrôles au faciès et Daesh entend soumettre tout ce qui résiste à sa croisade mortifère. Tellement de choses couvent sous le poids des préjugés, mais « ça ne se voit pas du tout », comme écrivait Anne.

Anne Sylvestre eut un père collabo et perdit son petit-fils au Bataclan. Ma fille a détesté l'école. Et moi, grâce à une de ses chansons, j'ai découvert un mot nouveau, « impedimenta »: tous ces poids lourds, ces bardas dans nos valises susceptibles de nous entraver à vie, ces généalogies qui ne sont plus des arbres « mais des forêts ».

3

Le dessous des cartes

Je suis née avant que les femmes ne puissent ouvrir un compte bancaire sans l'autorisation de leur mari – le 13 juillet 1965 –, avant que Mai 68 ne bouscule frontalement les exigences de la morale catholique. J'ai été nourrie d'une vision monolithique de la guerre : la France fut un bloc de résistance antinazie, les méchants collabos ont été punis. Il a fallu attendre *Le Chagrin et la Pitié*, le long documentaire de Marcel Ophüls, filmé en 1969, sorti en 1971, mais longtemps refusé par la télévision française, pour comprendre que la France profonde n'avait pas toujours offert la pureté démocratique exigée par l'après-guerre.

Derrière le récit officiel, l'histoire planque ses revers et ses cadavres.

Que devons-nous à nos aînés ? De quoi sont faits les secrets ? Comment se construisent les silences ? Pourquoi Anne Sylvestre a-t-elle voulu si longtemps dissocier sa vie ? On peut choisir sa famille politique, on peut choisir d'avoir un enfant. On ne choisit pas ses parents. Pis, on ignore parfois ce qu'ils sont, ou pourquoi ils le sont.

En 1998, j'ai déjà rencontré Anne Sylvestre plusieurs fois. Elle m'a fait rire, avec ses affirmations à l'emporte-pièce, son ironie, sa façon élégante de promener sa « carcasse ». À la maison, j'ai chanté en boucle « Les Nouilles » et « Les Yaourts » à l'heure du bain et du dîner. Ses chansons pour enfants sont des chefs-d'œuvre. Et pour réparer les absences du domicile familial de la critique musicale itinérante que j'étais, rien de mieux que le partage des comptines marines, du merluchon, du cachalot, du poisson-scie, etc.

Un beau jour d'avril de cette année-là, Anne Sylvestre me rend visite au *Monde* où je travaille. Elle me parle carrière, disque. Des gens passent, journalistes, employés de la cafétéria, toutes classes sociales confondues, viennent la saluer, des étoiles dans les yeux. Je ne la savais pas si aimée. Elle râle, parce que ce dont on lui parle en premier, ce sont *Les Fabulettes.* Or, elle veut valoriser son œuvre pour les « grands ». *Les Fabulettes* l'exaspèrent.

Bien sûr, il ne serait pas très agréable pour la chanteuse qu'une voix enfantine vienne interrompre le « Partage des eaux », réhabilitation sérieuse du sang, du désir féminin et des larmes, par un vigoureux « *des nouilles / J'en veux pas si c'est pas des nouilles / Si c'est pas des nouilles j'en veux pas* ». Anne Sylvestre tenait donc à séparer ses publics. En fait, elle défendait son droit d'exister.

Ce matin de 1998, elle susurre, d'un air détaché :

« Dans mon nouvel album, il y a une chanson, "Le Pont du nord", je parle de mes frères, Paul et Jean, ils sont morts tous les deux. » D'un coup, elle plonge le visage dans son thé : « Vous le savez sans doute, mon père était collabo. » Je ne savais pas. Elle ne l'avait jamais dit. Elle avait maintenu le secret entier, d'abord à bas bruit, puis entièrement.

Elle me raconte qu'elle est la fille d'un des bras droits de Jacques Doriot, fondateur du parti fasciste pro-allemand PPF (Parti populaire français). Sans doute nous avait-elle jugées révoltées compatibles, moi la fille adultérine qui n'a jamais porté le nom de son père, elle l'enfant blessée par l'absence d'un père dont elle ne put jamais porter le patronyme sans rougir.

Elle, encore enfant, n'avait pas eu le temps de se retourner, à l'inverse de Gérard Philipe, vingt ans en 1942, passé à la Résistance pour contrer son père, Marcel Philip, riche hôtelier cannois, chargé du PPF sur la Côte d'Azur.

Méchante guerre, où les grands se soucient peu des petits, décident des discours populistes et des alliances tactiques, portent des oriflammes, soulèvent des foules. Anne-Marie Thérèse Beugras est du « mauvais côté », comme Catherine, un bébé qui vient de naître à Chartres sans le faire exprès et dont je vais vous raconter l'histoire, que j'ai découverte dans une monographie du photographe Robert Capa, achetée chez un bouquiniste. Une photo, « La Tondue de Chartres », m'avait bouleversée. Sans connaître le dessous des cartes, j'en percevais l'extrême violence.

Quand on tond à Chartres, Anne Sylvestre a dix ans. Sa famille échappe de peu au sort réservé aux femmes indignes. Finie, la guerre ? Sûrement pas. La guerre tue, l'épuration achève les vaincus, les Beugras – enfants cloués au pilori – se taisent.

À l'été 1944, les combats se poursuivent dans les rues de la ville beauceronne. Le photographe américain Robert Capa croise une jeune femme fermement poussée par un résistant excédé. Elle a la tête rasée, et un bébé dort dans ses bras. Capa est subjugué par un détail : elle porte un baluchon, une toile épaisse. Baroudeur, flambeur, connu pour sa couverture de la guerre d'Espagne, Endre Ernő Friedmann, dit Robert Capa, est un Juif hongrois émigré à New York. Instinctivement, l'apatride n'a d'yeux que pour le baluchon, noué à la hâte. Qu'y a-t-il à l'intérieur ? Des couches, un biberon, un corsage ? Capa décide de suivre le ballot, la fille et l'enfant. Quelques heures plus tard, il en fera une photo intitulée par *Life*, son employeur, « La Tondue de Chartres ».

Je me souviens de quelques mots de Paul Éluard, poète résistant : « Je revois devant la boutique d'un coiffeur de la rue Grenelle, une magnifique chevelure féminine gisant sur le pavé. Je revois des idiotes lamentables tremblant de peur sous les rires de la foule. Elles n'avaient pas vendu la France et elles n'avaient souvent rien vendu du tout. »

Bâtarde, je sens comme une communauté de destin avec ces « tondues ». L'opprobre jeté aux filles mères, aux dissidentes, aux « sorcières » témoigne encore et toujours d'un âge de barbarie fondé sur la peur de la sexualité féminine. On a rasé la tête de la fille au baluchon pour cause de « collaboration horizontale ». Elle a couché avec les Allemands. Elle a fricoté avec l'ennemi. Elle appartient à la catégorie de celles qui ont un « penchant prononcé pour les "*ich liebe dich*" », et « *à qui l'on a tondu le crâne rasibus*[1] ». Elle a un nom: Simone, et son bébé « franco-boche » aussi, Catherine.

En août 1944, Capa est à fleur de peau. Il a photographié le débarquement allié, le 6 juin à Omaha Beach. L'armée américaine sait organiser sa propagande. Elle veut des films, des images qui paraîtront dans les journaux et magazines, dont le célèbre *Life*. Au printemps 1944, Capa est embarqué en compagnie de son collègue Ralph Morse. À l'été, il accompagne les troupes du major général Lindsay McDonald en route vers Paris. À la lisière des terres moissonnées, les GI atteignent Chartres, où des snipers de l'armée du Reich occupent encore la place des Épars, les alentours de la cathédrale et de la Poste. Ça tire de tous les côtés, mais déjà les FTP (Francs-tireurs et partisans) ont sorti les fusils des greniers et des bottes de foin. Ils traquent les collabos, les traînent vers la préfecture.

Dans la France rendue à la joie après des années de malheur et de privations, l'heure des règlements de compte a sonné. Premier acte: l'épuration sauvage. On chasse le milicien, le traître, l'ordure et, cruellement,

1. Georges Brassens, « La Tondue », 1964.

« les putes à boches ». La tonte est publique, infamante. Dans certains lieux, les filles de rien sont dénudées, ailleurs elles sont marquées comme des animaux, après une condamnation hâtive par des tribunaux sommaires. On libère les prostituées « encartées » : elles ont fait leur boulot. Les autres avaient le choix, elles n'avaient pas à s'humilier avec l'ennemi. Une fois cueillies, on les promène dans des charrettes. Non sans rappeler les condamnés à mort de la Révolution française. Forcément, il y a des bavures.

Morse et Capa entrent dans la cour de la préfecture. Elle est parsemée de touffes de cheveux. Il y a aussi trois cadavres, exécutés d'une balle dans la tête. Au fond, le long du mur, les vainqueurs ont aligné des hommes et une dizaine de femmes, dont le coiffeur de la prison a tailladé les cheveux à la tondeuse. Simone a été marquée au fer rouge, deux fois, sur le front, c'est plus sûr : les cheveux repoussent. Elle a vingt-trois ans, sa fille Catherine trois mois. Morse fait un portrait de la famille Touseau : Simone, sa mère (rasée également, regard frondeur), le père (honteux) et le bébé (endormi). Capa observe.

Derrière les grilles de la préfecture de Chartres, celle du préfet Jean Moulin, fusent des rires moqueurs ; des femmes se hissent sur la pointe des pieds, impatientes de s'adonner aux jeux du cirque ; un homme hurle en levant un poing vengeur. Clic, clac, Capa et Morse capturent ces images. Les portes s'ouvrent, collabos et tondues sont livrés en pâture à la foule. « Les putains de la Nation » subissent de plein fouet une violence guerrière que la paix naissante n'a pas encore adoucie. Puis Simone et sa famille sont lâchées dans le vieux Chartres, escortées par un policier. La rue a sorti les drapeaux bleu-blanc-rouge, la foule, dans son bon droit, moqueuse, cruelle, forme un funeste cortège.

Simone a passé le baluchon au père. Capa, le Juif errant, appuie sur le déclencheur à l'instant où elle se penche sur son enfant et le regarde avec tendresse. Il a choisi le point de vue de l'humanité. Simone est incarcérée le soir même. Dans sa chanson, Georges Brassens fait d'un accroche-cœur ramassé dans un caniveau sa Légion d'honneur.

En 1944, à la Libération, Paul Éluard écrit le poème « Comprenne qui voudra » :

Comprenne qui voudra
Moi mon remords ce fut
La malheureuse qui resta
Sur le pavé
La victime raisonnable
À la robe déchirée
Au regard d'enfant perdue
Découronnée défigurée
Celle qui ressemble aux morts
Qui sont morts pour être aimés
Une fille faite pour un bouquet
Et couverte
Du noir crachat des ténèbres…
Une enquête a été ordonnée.

Pour nos tondues de Chartres une enquête fut ordonnée. Car étaient-elles pour autant innocentes ? Sans doute pas. Une fois tondues, Simone Touseau et sa mère n'en ont pas fini avec la justice. Elles sont accusées d'avoir dénoncé leurs voisins, en février 1943, comme « ennemis de l'Allemagne », parce qu'ils écoutaient la BBC. Cinq chefs de famille sont arrêtés par le Sipo-SD, la police de sûreté allemande. Quatre d'entre eux sont déportés à Mauthausen, en Autriche. Seuls deux en reviennent.

Pour ma part, je découvre que, derrière les oripeaux de l'innocence, se cache l'abjection. Les Touseau, c'est l'histoire du basculement français vers l'extrême droite.

Deux historiens, Philippe Frétigné et Gérard Leray, ont repris le fil du récit dans *La Tondue, 1944-1947* [1]. Dans les années 1920, les Touseau possèdent une crémerie dans le centre de Chartres. Avec la crise économique générée par le krach boursier de 1929, les affaires périclitent. Le père ferme boutique et embauche à l'usine. L'arrivée au pouvoir du Front populaire et de Léon Blum achève de convaincre les Touseau, la mère en premier, de la responsabilité croisée des Juifs et des bolcheviques dans leur déchéance sociale. Humiliés, ces catholiques pratiquants suivent le clergé français dans sa dérive antisémite et moralisatrice.

Albert Beugras, le père d'Anne, aura partagé quelques

1. Vendémiaire (édition originale), 2011 ; Tallandier, « Texto », 2020.

convictions avec les horribles de Chartres : la haine du communisme, la croyance aveugle dans les valeurs du catholicisme. Mais quoi d'autre ?

Simone, intelligente, ambitieuse, intègre l'Institution Guéry, une école catholique stricte. La mère est violemment antibolchevique, Simone rêve d'un régime fort type outre-Rhin et dessine des croix gammées. Les Allemands occupent Chartres dès février 1939. Profitant de la faiblesse militaire française et des accords passés avec le maréchal Pétain, les officiers du Reich vivent la guerre comme une partie de campagne. Ils jouissent des beautés et des délices de la Beauce, tout en tissant un réseau d'informateurs et de délateurs.

Simone apprend l'allemand et obtient son bac en 1941 – la proportion de femmes bachelières à l'époque est très faible. Elle cherche du travail et elle frappe naturellement à la porte de la Feldkommandantur, boulevard Chasles. Les Touseau ont compris aussi que ceux qui collaborent avec les Allemands échappent aux privations. Ils ne sont pas les seuls. En 1943, la famille Beugras s'installe dans un bel appartement parisien. Alice, la mère de famille, Alsacienne et germanophone – pourtant peu convaincue par les excès du nazisme – n'exclut pas le confort d'une tasse de thé avec les épouses de dignitaires en place.

À la Feldkommandantur, Simone Touseau rencontre Ella Amerzin-Meyer, une Suisse alémanique, ex-épouse d'un aviateur héros de la Première Guerre mondiale. Totalement convertie au fascisme, elle est la maîtresse du chef local du Sipo-SD. Elle est chargée de traduire les interrogatoires des résistants, parfois torturés. Elle introduit son amie Simone dans le cercle fermé des officiers allemands. Les Touseau organisent les ripailles communes sans se cacher des voisins patriotes et excédés. Simone tombe amoureuse d'Erich Göz, soldat responsable de la bibliothèque allemande de Chartres.

Le malheur de Simone est sans doute d'avoir donné des fondements idéologiques à ses options personnelles en adhérant, fin 1943, au Parti populaire français (PPF). Doriot, un transfuge du Parti communiste, martèle : « Ou l'Europe détruira le bolchevisme ou l'Europe sera bolchevisé. » Son adhésion au PPF permet à Simone d'aller rejoindre son amoureux désormais basé en Allemagne, d'où elle est expulsée dès qu'elle révèle sa grossesse – le Reich a proscrit l'union des Allemands avec les étrangers. À son retour, elle accouche d'une petite fille. Fille mère, ça ne passe pas dans la famille. Son père tente de l'étrangler, la boucle à la maison. Trois mois après la naissance du bébé, les Américains libèrent Chartres.

Emprisonnées à Chartres, les femmes Touseau nient les faits de dénonciation et accusent leur amie Ella Meyer. Elles disent peut-être vrai, mais elles se heurtent à l'acharnement du commissaire Vernet, ancien collabo ayant retourné sa veste, qui, donc, fait du zèle. La Suissesse Ella Meyer a pris la nationalité allemande, elle a filé vers Hanovre. Les Touseau échappent à la peine de mort, grâce à leur avocat qui fait traîner les procédures jusqu'à la dissolution des cours de justice d'exception. Pierre Laval et Philippe Pétain ayant été jugés en 1945, de Gaulle inaugure le second acte de l'après-guerre et passe à l'épuration légale, plus douce.

Simone est condamnée à dix ans de dégradation nationale. Elle déménage dans les Yvelines. Mariée, mère de deux enfants, elle est reconnue par hasard des années plus tard, et à nouveau soumise à l'opprobre. Alcoolique, dépressive, elle meurt à l'hôtel-Dieu de Chartres, là où elle avait donné naissance à sa fille Catherine.

De la Tondue, l'historien Gérard Leray [1] a retrouvé la fille, désormais retraitée pacifiée. Elle lui parle : elle a tout caché à ses enfants. Ne leur a jamais rien dit de sa mère. A brûlé la correspondance entre Simone et Erich, ses parents. A rompu avec sa tante allemande. S'est rebâtie une vie hors de l'histoire, se débattant encore et encore avec des fantômes qui ne lui ont appartenu que par destin. Elle s'est tue, croyant échapper à une malédiction générationnelle ainsi définie par l'Ancien Testament : « Les pères ont mangé des raisins verts, et les dents des enfants en ont été agacées. »

C'est cette phrase « haïssable » que cite Hélène Hazera, transsexuelle militante, critique érudite de la chanson française et femme de radio, lors d'une série d'entretiens avec Anne Sylvestre réalisée en 2002 pour France Culture – en réalité, le prophète Ézéchiel, conscient de l'horreur de cet opprobre, l'a fait précé-

1. *L'Enquête*, Ella éditions, 2021.

der de « On ne dira plus que ». Que les enfants paient les péchés des parents.

Hélène Hazera : « Vous avez voulu y échapper ? »

Anne Sylvestre : « Je suis horrifiée, je n'y suis pour rien. N'empêche que j'ai eu honte et j'ai encore honte. Jeune, je n'osais pas le dire pendant très longtemps, je n'osais pas. »

À la Libération, point de liesse familiale chez les Beugras, en fuite vers Suresnes, pour se cacher chez l'oncle Pierre, mari de la tante maternelle, Mathilde. C'est l'aube, il y a Alice, la mère, Marie, la petite sœur, Paul, le frère cadet. L'aîné, Jean, se prépare à rejoindre l'Allemagne avec Albert, le père. Jean disparaîtra sous un bombardement. Son corps ne fut jamais retrouvé. « On a traversé le bois de Boulogne à pied, à l'aube, avec la poussette et ma sœur dedans. Cela veut dire que j'ai dix ans et tout un petit monde à moi, tout un monde d'enfant, des cahiers où j'avais commencé à écrire des choses, des livres auxquels je tenais… se souvient Anne. Et moi, mes livres, je les cherche encore aujourd'hui. Chez les bouquinistes, je regarde si je vais en trouver un avec mon nom ou celui de Jean… »

4

L'aveu

Le récit qu'Anne Sylvestre me fait de cette autre vie me laisse longtemps perplexe. Dans le long portrait que j'écris, je consacre un seul paragraphe au secret, à la fin. Je ne le mettrai pas en scène. Nous n'en ferons pas un titre. Je suis convaincue qu'elle a ses raisons pour n'en avoir jamais parlé publiquement.

Il est certain que, sans cesse, Anne Sylvestre a couru après l'histoire – à moins que ce ne soit l'inverse. Et voici cette chanteuse de justice aspirée vers les fonds boueux du pire pétainisme, alors qu'elle a traversé avec éclat, patience, détermination des années d'après-guerre déployées en trompe-l'œil: radieuses d'un côté, parce qu'elles ont amené le rock, le twist, la libération des corps, Saint-Germain-des-Prés, Saint-Tropez, la coupe garçonne et la minijupe. Odieuses de l'autre, car charriant encore et encore un lot conséquent de préjugés, de carcans moraux, cibles de l'acuité poétique d'Anne Sylvestre.

La jeune fille a vingt ans en 1954, l'année où Françoise Sagan bouscule la donne en publiant *Bonjour Tristesse*, l'année où Georges Brassens écrit « La Mauvaise Réputation », d'emblée interdite d'antenne, car attentatoire à la Nation : « *Le jour du quatorze juillet / Je reste dans mon lit douillet / La musique qui marche au pas / Cela ne me regarde pas / Je ne fais pourtant de tort à personne / En n'écoutant pas le clairon qui sonne / Mais les braves gens n'aiment pas que…* »

Comment s'est-elle protégée des rumeurs assassines ? En résistant, sans doute. Pour moi, Anne Sylvestre est l'auteure d'un hymne à la femme, « Porteuse d'eau », en 1961. Et puis, en 1965, il y a « Lazare et Cécile », très belle chanson militante écrite en faveur « du droit d'exister sous le regard des autres ». Dix ans plus tard, « Une sorcière comme les autres » (« *S'il vous plaît faites-vous léger / Moi je ne peux plus bouger* ») présente une radiographie de l'étouffante domination masculine.

Féministe : voilà bien la seule étiquette qu'Anne Sylvestre a toujours revendiquée. Sa marque, c'est la tolérance. Les slogans la hérissent. Les jugements à l'emporte-pièce la paralysent. On a le droit d'avoir un mari, ou pas. On a le droit d'avoir un enfant, ou pas. On a le droit d'aimer, toujours. Dans son répertoire, on croise des gens bizarres, des amoureux méprisés, des précaires, des moutons noirs, des opprimées et des combattantes.

En 1970, elle écrit « Des fleurs pour Gabrielle », dédiée à Gabrielle Russier (« *Je vous dédie ces quelques fleurs / j'aurais pu être comme vous / Et tomber dans le même trou* / […] *On n'a pas arrêté la meule* / *Où d'autres se feront broyer* »). Cette professeure de lettres de trente-deux ans, divorcée et mère de deux enfants, a été jugée pour avoir aimé l'un de ses élèves, Christian Rossi, dix-sept ans. Condamnée à un an de prison pour « enlèvement de mineur », elle aurait pu bénéficier de la grâce présidentielle à l'occasion de l'élection en juin 1969 de Georges Pompidou. Mais le parquet fait appel, et elle se suicide. L'affaire révèle toutes les contradictions françaises et fait grand bruit, d'autant que les parents du garçon, à l'origine de la plainte, sont des enseignants, militants de gauche, mais moralement étroits au point de parquer leur fils en hôpital psychiatrique.

Interrogé lors d'une conférence de presse après le suicide de l'enseignante, Georges Pompidou, visiblement ému par l'évocation de ce drame, répond en quelques mots, entrecoupés de longs silences : « Je ne vous dirai pas tout ce que j'ai pensé d'ailleurs sur cette affaire. Ni même ce que j'ai fait. Quant à ce que j'ai ressenti, comme beaucoup, eh bien, comprenne qui voudra ! “Moi, mon remords, ce fut la victime raisonnable au regard d'enfant perdue, celle qui ressemble aux morts qui sont morts pour être aimés.” C'est de l'Éluard. Merci. »

Quand Anne Sylvestre m'entretient pour la première fois de ses ascendants, le décor est banal. À la cafétéria du *Monde*, il y a des chaises en plexiglas, d'autres en bois et fer, des gobelets pour le café, une grande baie vitrée. J'ai un carnet à spirale fourni par l'entreprise, un feutre, et je ne sais plus où me mettre. Je dis : « Oui, oui. Ah, bon. » Je n'ai pas les mots. J'ai des souvenirs. Un grand-oncle qui s'appelait Adolphe, portait la moustache, et dont l'intense sens du péché lui imposait de condamner toute naissance hors mariage.

Elle raconte, je note : « Je m'appelle Anne Beugras, mon père Albert fut l'un des bras droits de Jacques Doriot. Il fut sauvé de justesse de la peine de mort à la Libération. Condamné à perpétuité, il purgea dix ans de prison à Fresnes. Vous savez, ma sœur, Marie Chaix, a écrit un livre sur le sujet. » Marie Chaix, à qui sa mère avait légué huit cahiers noircis par son père expliquant son engagement au sein du PPF, se défendit du drame par l'écriture.

Je pense à la petite fille dans les bras de la Tondue de Chartres. Marie Chaix a raconté la fuite de la famille lors de la débâcle allemande, « Anne assise près de toi, muette, serrant sa poupée », l'arrivée semi-clandestine chez un oncle à Suresnes, les hommes armés qui viennent quelques jours plus tard cherchant Albert Beugras. « Et la famille du traître ? avaient-ils ajouté. Et s'ils avaient pris ta mère, va savoir, ils l'auraient peut-être tondue, ou pire ? »

Marie Chaix naît six mois avant la grande rafle du Vel' d'Hiv, en juillet 1942 – douze mille Juifs dont quatre mille enfants, « emballés dans les wagons du Maréchal, les premiers Juifs de France, direction Auschwitz », écrit Marie Chaix dans *Les Lauriers du lac de Constance*[1]. Le PPF a prêté main-forte à la police

1. Éditions du Seuil, 1974.

française. « Je suis née en 1942, poursuit Marie Beugras. D'autres, enfants de la rafle, Vel' d'Hiv, wagons, Auschwitz. Moi, non. Moi, enfant rose, aimée, allaitée, bercée. Enfant épargnée. 1942. » Anne a huit ans.

Comment suis-je passée à côté ? En 1988, Anne Sylvestre crée un spectacle au Théâtre Déjazet avec son amie québécoise Pauline Julien, *Gémeaux croisées*. Elle y inclut un monologue, intitulé « Vue d'enfance » :

Elle me raconta qu'en dépit des perturbations de la guerre
Elle avait vécu à Lyon, puis à Paris, une enfance très protégée
Elle me montra des photos de sa mère qui était alsacienne
Une cousine était venue les voir
Elle portait le costume des auxiliaires de l'armée allemande
Les Français les appelaient les « souris grises »
Elle s'appelait Élisabeth
Son père était souvent absent et ça la rendait triste
Parfois, des messieurs venaient à la maison
Et ils ne parlaient pas toujours français
Elle, qui était une enfant calme
Dessinait des cocardes, des insignes qu'elle ne comprenait pas
On se mit à parler d'armes et on posa des revolvers sur la table
Quand on se souvenait d'elle, on l'envoyait dans sa chambre
Elle m'affirma qu'elle n'avait jamais vraiment manqué de rien
Pas même de tendresse
Et qu'elle avait aimé son père avec passion

Un soir, il était parti précipitamment
Et elle l'avait suivi des yeux dans l'escalier
Elle me dit que la honte est lourde à porter quand on est une enfant
Et qu'on préférerait parfois le malheur
Elle me dit que depuis qu'elle sait
L'image de ces enfants traqués, de ces enfants cassés, de ces enfants brûlés
Est imprimée sous ses paupières et que ses larmes
Ne rachèteront jamais le fait qu'elle ait eu une enfance heureuse
Elle me dit que jusqu'à ce jour, elle n'avait pas voulu en parler
D'où ça vient l'angoisse
Ta mayonnaise
Tu peux aussi la rattraper avec du sel.

Personne n'entend. Parce qu'à côté, il y a le talent de Pauline Julien, leur complicité, les chansons d'Anne, qu'elles mêlent à celles de Brigitte Fontaine, de Leonard Cohen, bref une magie intense du spectacle. Et la vérité factuelle passe à l'as. « Plus tard, quand le livre de ma sœur a paru, certains ont compris le lien qu'il y avait avec moi. Des amis, ils sont venus me voir. Ils étaient juifs. Et puis un syndicaliste influent, des gens dont je n'attendais pas forcément un appui. Ils m'ont dit : "On a vu la photo de ta sœur. Ce n'est pas grave. Ce n'est pas toi." Ce n'était pas un pardon, puisqu'il n'y avait rien à me pardonner. Ces gens-là, qui voyaient que j'étais blessée, m'ont énormément aidée. »

Quand elle me raconte tout cela en 1998, Anne Sylvestre transgresse un second interdit qu'elle s'était posé : ne jamais avouer son lien avec Marie Chaix. La cadette l'a trahie deux fois : en écrivant l'histoire familiale, et en devenant la secrétaire particulière de Barbara, positionnée en rivale d'une Anne Sylvestre entravée par sa timidité et par la maison de disques Philips. Elle confie son infortune familiale à Hélène Hazera sur France Culture en 2002. Six ans plus tard, elle est en une de *Télérama* aux côtés de sa sœur. Valérie Lehoux, critique musicale de l'hebdomadaire, auteure d'une biographie de Barbara [1], parvient alors à organiser une interview conjointe des deux frangines. Le secret ainsi étalé pleine page n'affecte pas la courbe de popularité d'Anne Sylvestre.

Question à Marie Chaix : « Une femme vous avait aidée à dire les choses, c'est Barbara. Et elle était juive... »

Marie Chaix : « Elle ne le revendiquait pas, ni dans son écriture ni dans sa façon d'être, mais il y avait cet arrière-fond... À vingt-quatre ans, je suis devenue son assistante, par hasard – un hasard complet mais bizarre, qui m'a posé des problèmes de culpabilité terrible vis-à-vis de ma sœur chanteuse. Le fait de l'avoir approchée a beaucoup compté pour moi, notamment dans le déclenchement de l'écriture. Un jour, elle a voulu que je lui parle de ma famille. Je me souviens m'être sentie très mal de lui "avouer" tout cela. Mais elle m'a

1. *Portrait en clair-obscur*, Fayard, « Chorus », 2007.

dit : “Échangeons nos morts, ils sont tous pareils.” Elle a été la première à me suggérer d’écrire. »

Anne poursuit : « On creuse toujours autour du même trou, et ça reste très difficile, même soixante ans après. On doit aller à la pêche, il y a des algues et de la vase. C’est une ambivalence permanente. Je n’arrive pas à me défaire, comment dire ?, d’une culpabilité. Ce n’est pas juste d’en vouloir aux enfants que nous étions, mais je n’arrive pas non plus à trouver cela injuste. Je le comprends. Pour un peu, je trouverais même ça légitime. Tant que les victimes de la guerre continueront à souffrir, on continuera à être coupables. »

Anne Sylvestre avait aussi écrit en 1994 « Roméo et Judith », l’histoire d’un goy et d’une Juive, le bon et le mauvais côté de l’histoire. Roméo : « *Mais dois-je me sentir coupable / Et ce qui fut impardonnable / Et que je ne pardonne pas / Pourquoi le rejeter sur moi* ? » Judith : « *J’ai la tristesse sous la peau / Le sang de mon peuple s’indigne / Et je ne peux pas oublier / Que tu descends en droite ligne / De ceux qui l’ont persécuté.* » J’y voyais une chanson de réconciliation, une chanson de paix, parue alors qu’Israéliens et Palestiniens venaient de signer les prometteurs accords d’Oslo. Je n’avais rien compris.

Et puis, à nouveau, j’ai mis du temps à comprendre. Les faits, le père collabo, étaient désormais connus. Ce qu’elle avait à me dire d’important en cet hiver 2019 tenait en une phrase : « J’aime toujours mon père, on se ressemblait beaucoup de caractère. »

5

Rue de la Réunion

Le petit bouquin carré est un tantinet jauni. Imprimé le 30 avril 1966, acheté à Millet Musique, 46, rue de la Charité, à Lyon, cachet du libraire faisant foi. Il est recouvert de plastique transparent, découpé net, un truc de bon élève – ou de bons parents –, et il sent le renfermé. L'opuscule porte le numéro 144 de la collection « Poètes d'aujourd'hui », éditée par Pierre Seghers, écrivain, résistant, éditeur. Seghers était convaincu que la chanson n'est « ni la cadette ni l'aînée de la poésie, [mais] fait partie, au même titre que la poésie, du trésor d'une langue ».

2019, j'ai rendez-vous chez Anne Sylvestre. Inquiète, elle me demande : « On va s'y prendre comment ? » Elle vient de publier une nouvelle édition de *Coquelicot (et autres mots que j'aime)* [1]. « Ça ne va pas faire trop ? » Un peu gauche, elle me prête le « Poètes d'aujourd'hui », une rareté plusieurs fois rééditée,

1. Points, 2014 ; 2019.

aujourd'hui presque introuvable. Je lui rendrai plus tard, me dis-je. Mais non, elle meurt l'année suivante, atteinte, comme nous tous, par le deuxième confinement, celui de novembre 2020, qui torpille les derniers espoirs de la culture et des arts au nom de la précaution sanitaire.

Je l'ai gardé chez moi, ce petit bouquin carré, couverture noire, lettrage en vert, dont elle était si fière. Elle fut la première femme et chanteuse à entrer dans cette collection de prestige, développée par Pierre Seghers en une sous-rubrique « Poésie et chanson » : Ferré, Brassens, Brel, Aznavour, Félix Leclerc, Charles Trenet, Guy Béart, Anne Sylvestre, ça en jette ! Bien sûr, pendant qu'elle me le donne, elle répète : « Enfin ! Je l'ai dit tout de suite, c'était trop tôt. » Avant d'ajouter : « Mais bon, j'étais la première femme de la série, et c'est vrai, il y avait beaucoup de chansons, déjà. » Soixante et une pages de texte de présentation, cent treize pages de textes de chansons. Une prouesse. À côté, Ferré et Trenet frisaient les vingt ans de carrière. Brassens faisait déjà figure de statue du commandeur. Les autres écrivaient des tubes. Elle était *elle* : féministe, aimée, discrète, mère, officiellement chanteuse depuis cinq ans à peine. Alors, à l'époque, elle se jauge et freine des quatre fers.

« J'étais enceinte de ma fille cadette qui est née en juin 1966, je ne sais pas pourquoi, ils avaient décidé cela. J'ai dit : "Je veux bien mais pas tout de suite." J'ai freiné tant que j'ai pu. J'avais l'impression que c'était la première moitié de ma vie. Ma fille aînée était née en

1960. Je n'avais pas écrit tout ce que je devais écrire, l'année d'avant j'avais publié *Lazare et Cécile*. J'étais chez Philips encore. Ce n'est pas bon de montrer un artiste ainsi, c'était trop tôt. »

C'est dingue, ce temps qui court, mais quelle vitesse ! Il y a vingt ans déjà, lors de notre première rencontre, Anne Sylvestre endossait le passé Beugras. Entre-temps, elle avait multiplié les concerts, les albums, les créations, soutenue comme jamais par ceux qu'elle avait surnommés « les rescapés des *Fabulettes* », nourris à l'Anne Sylvestre depuis leurs premières dents avant de découvrir l'univers de cette poétesse bien plus complexe qu'il n'y paraît. Elle s'était teint les cheveux en orange foncé, tendance poil-de-carotte, avait cultivé son large sourire. Elle avait vieilli. Mais elle est restée jeune, « avec courbatures », la santé sur un fil, mais un fil de lumière.

Chez elle, rue de la Réunion, cœur battant du Paris populaire et cosmopolite, je suis intimidée. La maison est assez baroque, en brique, avec une grande vitrine opaque de plain-pied sur la rue. Le bar d'à côté s'appelle Le Meknès ; le salon de beauté, spécial peaux métisses, Les Trésors de Ticis. Angkor Délices jouxte la pizzeria.

Les Africains sont un peu plus haut, vers la place de la Réunion. En 2000, Anne Sylvestre avait écrit « Les Dames de mon quartier », « *environnées / D'une belle marmaille / Un peu de toutes les tailles / Aux cheveux bien nattés / De leur pas chaloupé / On attendrait qu'elles aillent / Marcher dans les broussailles / Au lieu de ces pavés* ». Des promoteurs immobiliers la contactaient régulièrement, fantasmant déjà sur la possible transformation de ce pavé de paix à un étage en multi-résidences.

Au sol du 5, rue de la Réunion, il y a des tomettes, plus loin des escaliers tarabiscotés avec rampes en bois. Le lieu est à son image, secret, paradoxal, mal rangé. Anne veut que je la tutoie – rien de surprenant, finalement, pour celle dont l'adresse a toujours figuré dans l'annuaire. Et enchaîne : « Tu sais, en fait, il n'y a rien à dire », tout en farfouillant dans des piles de papiers, des boîtes. Elle cherche des documents, de la littérature, des photos, afin de retracer un parcours qui n'a jamais fait l'objet d'éléments de langage, ni de broderies à forte rentabilité médiatique.

Anne n'a pas transformé sa vie en légende, elle a eu un mari, l'a quitté en abandonnant tout, sauf sa guitare, puis un autre, l'a laissé aussi, et deux filles. Elle n'a pas cherché à susciter les fantasmes. Ni frasques amoureuses avec des célébrités (comme Juliette Gréco), ni plumes, ni fauteuil à bascule (à l'image de Barbara). Et pour le roman familial, on repassera. Si elle a parfois menti, c'est seulement par occultation, et nécessité.

Présentement, elle fouille. À peine retrouve-t-elle une bio par-ci, une bio par-là, des programmes de music-hall, des bribes. Pour une chanteuse, auteure, compositrice parmi les plus importantes du patrimoine français, c'est peu. Pourtant, elle a arrangé ses affaires avec une ténacité peu commune. Le dernier-né des coffrets anthologiques est posé sur la table, *Anne Sylvestre, 60 ans de chanson*, dix-huit CD édités par elle-même et son distributeur, EPM, avec un livret signé de l'écrivain Philippe Delerm. « Anne n'a pas fait vraiment des vagues. Mais elle en a fait une, une seule, immense et continue, qui me prend dans son ampleur, sa douceur, sa violence », écrit Delerm. « Heureusement, ajoute-t-il, pour nous et pour elle, Anne Sylvestre est ironique, corrosive, révoltée. »

Anne Sylvestre se rebiffe souvent, boude parfois, mais rit beaucoup. À l'intitulé du coffret, « qui sent la vieillesse » : « 60 ans de chanson ! », elle a collé un sous-titre en forme de clin d'œil : « Déjà ? » Cette femme lumineuse a alors presque quatre-vingt-cinq ans. Parfois, elle souffre de migraines, parfois elle a mal aux jambes. D'autres fois, elle désespère du temps compté. Elle annule des rendez-vous. Je ne proteste pas, car j'ai, moi aussi, mes états d'âme. À cette époque, je ne sais pas comment m'y prendre avec la vieillesse, la mort, les EPHAD, ma famille. Je sais qu'Anne chante, donc qu'elle vit avec bonheur. Mais de l'âge, pour être honnête, il nous faudra parler. J'ignore comment. Pour clore le tout, Anne Sylvestre dit qu'elle n'a « aucune anecdote à raconter », et nous voici silencieuses, engoncées dans nos fantômes.

Nous parlons chansons, poésie, coquelicots, cabarets, mais elle est étonnante. Elle ne livre rien de sa fracture, mais elle a besoin d'y revenir. Comment dire ? Un père collabo, une carrière humaniste. Des chansons à l'opposé de la violence. Une trajectoire commencée dans les cabarets rive gauche tout entiers dévolus à la libération, celle des mœurs, de l'oppression, des codes, et tous nourris d'une génération d'artistes unis contre le triptyque « travail, famille, patrie ».

Il nous faut donc revenir à l'enfance, à son intensité ainsi décrite dans la quatrième de couverture de *Coquelicot* : « Coquelicot. C'est un cri, c'est un appel, c'est un mot de joues rouges et de course folle dans les blés, de mollets piqués par les chardons, de roulades et de cul par-dessus tête dans le fossé… C'est un mot claquant, insolent, cueille-moi si tu l'oses, je me fanerai aussitôt mais regarde : je suis légion. Je pousse et je repousse, et dans cette flaque rouge tu ne sais plus où poser les yeux. Coquelicots, cavalcade, concours à qui sera le plus rouge, tes joues ou moi. » Mais attention ! On se brûle avec Anne. Que croyez-vous que le rouge signifie dans la poésie d'Anne Sylvestre ? Des flaques, des légions, des concours, des roulades dans les fossés, un cri…

Il nous faut revenir au père, Albert Beugras, réchappé de l'échafaud de justesse. Pour le Seghers, me dit-elle, « je voulais l'expliquer à l'auteur, Jean Monteaux, journaliste à *Elle*, mais j'avais trente ans, j'allais être mère à nouveau. Je ne voulais pas dire. Moi, je dis tout dans mes chansons. Il faut les lire. Alors j'ai inventé, j'avais eu une enfance formidable, dans une famille unie et sans problème, etc. » Le journaliste, « adorable, charmant », ne s'était rendu compte de rien. Mais, ajoute-t-elle, « je n'étais pas encore intime avec mon histoire. Il aurait fallu le faire après la publication du livre de ma sœur, *Les Lauriers du lac de Constance*. Donc, j'ai zappé. Mais je n'ai raconté que des vérités. Oui, j'ai été une petite fille très aimée. Après deux garçons, j'ai été accueillie avec une grande joie, je vivais dans un jardin avec une balançoire. Le journaliste me demandait de raconter mon enfance, je disais : "Papa était ingénieur chimiste, maman était très aimante", et c'était vrai ». Anne Sylvestre ne s'offre pas, elle entrebâille, esquive.

Un autre jour, un jour de doute, elle marche sur un fil, le dos légèrement courbe, le profil aiguisé, l'œil d'une clarté d'émeraude. Elle me prête un autre livre, *Pour de vrai*, un long entretien avec Monique Detry, intervieweuse hors pair, qui s'est aussi intéressée à l'écrivaine et auteure de chansons Françoise Mallet-Joris. *Pour de vrai*, c'est plus de deux cents pages d'un dialogue intime, où je pioche au hasard, et lis : « Je n'aime pas qu'on me dérange quand je pleure. » Dont acte.

Anne Sylvestre dit qu'elle a souvent regretté d'avoir parlé, de s'être « comme on dit, livrée ». Elle a l'impression de se perdre, de se « laisser échapper ». Quand elle se confie à Monique Detry, en 1980, elle prépare son quatorzième album, *Dans la vie en vrai*. Mais là encore, elle se tait, décrivant une enfance de jardin, de balançoires, de fleurs et de champs de blé. Or, il y a plus de six ans que Marie Chaix a dévoilé le secret de famille. Mais Anne ne veut pas parler. À Monique Detry, elle dit : « Il y a des familles désastreuses, et je les aurais détestées. Il se fait que la mienne était intéressante, un peu folklorique, et que je l'ai aimée. Je la raconte donc. Enfin, je raconte ce que je peux. »

Dans la nuit du 17 août 1945, la famille d'Albert Beugras se réfugie chez la tante maternelle, à Suresnes. Le père a rejoint Doriot en Allemagne et a emmené son fils aîné, Jean. « Il avait dix-huit ans, il aurait pu se faire fusiller comme un rien à la place de mon père. Il est parti avec lui, il a disparu, et on a vécu avec ce frère disparu, parce qu'il était sans doute dans un train qui a été bombardé. » Dans ses romans, Marie Chaix raconte ces épisodes fantasques. En prison, le père écrit, décrit sa carrière politique, la question communiste, la guerre comme une épopée. À sa mort, il a laissé à sa femme ses cahiers d'écolier remplis d'une écriture serrée, ordonnée, pas une rature, pas une ligne qui dépasse, pas une lettre plus haute que l'autre. C'est impressionnant. Marie Chaix les a gardés, les a lus, elle a mis du temps, quand même. La mère, Alice, aurait voulu les brûler, Anne ne voulait pas en entendre parler. Cela a donné deux cents pages d'un récit sensible, *Les Lauriers du lac de Constance*. « D'un point de vue artistique, Anne m'a beaucoup influencée, dit Marie Chaix. Elle m'a transmis sa grande culture littéraire, elle m'a entraînée. Et puis, il y eut Barbara, avec cette façon intime, absolue, de parler, qui faisait que tous les autres s'y retrouvaient. »

Pour Hitler et ses alliés, la guerre est perdue. Le père se dirige vers l'Allemagne où se trouve déjà Doriot, aux rapports très ambigus avec Hitler et ses hommes. Première étape : Nancy où se sont regroupés les cadres et les sympathisants du PPF : « Des groupes constitués en véritables unités de combat qui ont rejoint Nancy. Et quels groupes ! Ce sont d'abord les hommes de Simon S. qui se sont battus contre le maquis de la vallée du Rhône. Puis toute une joyeuse équipe avec armes et bagages : dizaines de milliers de billets de banque, ballots de titres pillés dans les banques, lingots d'or, fourrures et bijoux qu'étalent les maîtresses de ces messieurs. L'un d'eux, le "chef", transporte plus de deux cents millions de valeurs dans sa voiture. » Des canailles, écrit le père dans ses carnets de souvenirs. Il fait passer le message suivant à Doriot : tant que ces canailles « seront accueillies au sein du parti, il doit nous considérer, moi et mes hommes, comme étrangers au PPF ».

Chaque fois qu'Albert veut s'échapper, Doriot le repêche, le considérant comme un élément brillant de son parti, mais trop intègre et rigide à son avis. Fils de paysans, catholique, Albert Beugras a eu peur des drapeaux rouges. Ingénieur chimiste, responsable de plusieurs ateliers, il vire anticommuniste après avoir géré les grèves ouvrières de 1936 dans l'usine Rhône-Poulenc de la région lyonnaise, à Tassin-la-Demi-Lune. La mère, Alice, Alsacienne de naissance, tient le foyer en ordre, accepte l'entrée du père en politique, intervenue alors que, raconte Marie Chaix, « son journal préféré, *Je suis partout*, annonce que Jacques Doriot va créer un nouveau parti de "rassemblement des forces anticommunistes", au programme constructif, résolument social. Albert ignore tout de la personnalité de Doriot, fils d'ouvrier devenu maire de Saint-Denis, ancien dirigeant communiste excommunié et qui vient abruptement de changer de camp pour combattre avec acharnement ses frères d'hier ».

En juin 1936, Albert Beugras entend un discours de Doriot. Il est séduit. Il est nommé délégué du PPF pour la région lyonnaise. Lors de la déclaration de guerre en 1939, Albert Beugras devient capitaine de réserve. Père de trois enfants, âgé de trente-sept ans, il n'est pas mobilisable, mais s'engage. Affecté à l'armée du Levant, il reste en Syrie jusqu'à l'armistice du 22 juin 1940.

« Il aurait pu rejoindre la résistance et le général de Gaulle », raconte Marie Chaix, mais il ne digère pas la destruction à Mers el-Kébir de la flotte française par les Britanniques qui craignent qu'elle ne tombe aux mains des nazis. « Il bascule alors dans le monde de la collaboration », explique la sœur cadette. De meetings en responsabilités au sein du PPF, il s'enferme dans un piège mortel : Doriot et sa bande le propulsent chef des services de renseignement du PPF, le tout en accord avec l'Abwehr, les services d'intelligence de la Wehrmacht, l'armée allemande. Dès lors, du fait de sa fonction, Albert Beugras joue son rôle d'homme de l'ombre. De-ci, de-là, il assure à la fois la bonne marche du PPF en l'absence de Doriot, occupé à combattre sur le front de l'Est sous la bannière nazie à la fin de 1941, et apparaît en uniforme allemand, en Normandie, juste avant le débarquement, aux côtés du chef de parti. « Ils ne croyaient pas à la défaite allemande et avaient décidé de se rendre sur le terrain afin d'évaluer les forces en présence. Aucun civil n'était autorisé à accéder à cette zone. Ils avaient donc revêtu l'uniforme de l'ennemi. Tout cela avait un côté absurde, abracadabrantesque », me relate Marie Chaix.

Et puis voilà le père fuyant le lac de Constance, où s'étaient réfugiées « les canailles » du PPF. « C'est un peu les aventures de Tintin », m'explique Marie Chaix. « Après la mort de Doriot le 22 février 1945, on retrouve mon père croisant sur un quai de gare des militants du PPF qui ne savent pas quoi faire de leur peau ni de leur matériel de radio. Ils décident ensemble de se réfugier dans un chalet vide dans la montagne d'où ils ont vue sur des mouvements armés dans la vallée. Et ils se mettent à aider les Américains en les renseignant sur la fuite des SS... Finalement, mon père se livre aux officiers américains qui libèrent la zone. » Il est transféré dans un camp, où se côtoient toutes sortes de criminels de guerre, que les Américains considèrent comme un vivier pour espions. Ils tentent de le recruter, son transfert vers la France tarde, « et grâce à cela, il revient en France après la phase d'épuration sauvage à laquelle il n'aurait sans doute pas échappé, payant ainsi pour tous les autres ».

Tout au long de la guerre, c'est en courant d'air qu'il passe par la maison familiale. Ah! Doriot! Anne ne l'a pas oublié: « Oui, Doriot venait à la maison... Oserais-je dire que j'ai sauté sur ses genoux? C'était un monsieur impressionnant, il mesurait presque deux mètres, il avait d'immenses mains, des pieds énormes ! Il avait du charisme, de la séduction. Il avait été un grand député communiste avant de rallier le fascisme. » Anne dessine des cocardes, dit-elle dans un haussement d'épaules, et perçoit l'angoisse qui pèse depuis que le père a choisi son camp politique. Doriot est un sale type, dit Marie Chaix. Odieux avec les femmes. Albert Beugras est un mari parfois volage, électrisé par la politique, en route pour le précipice.

« Dans ma vie dans ma carrière, les humiliations ont été terribles. "La politique, surtout, tu n'en fais pas, disait ma mère, alors que mon père était en prison, c'est comme mettre la main sur un poêle brûlant." Moi, j'étais petite fille, je ne comprenais rien, on se cachait, il y a eu des menaces d'enlèvement. À Suresnes, j'ai fait une année d'école publique, je rentre au lycée de Saint-Cloud, je ne fais rien. On m'inscrit dans une école religieuse. Là, j'ai été protégée par les dominicaines.

J'avais douze ans quand mon père s'est livré, après être revenu d'Allemagne où il avait fui, et où il a finalement aidé l'armée américaine – on lui a proposé d'aller aux USA, il a refusé, il voulait être jugé par la justice de son pays. Il a frôlé la peine de mort. Condamné à la perpétuité, il a bénéficié d'une remise de peine. Les dernières années, il n'était plus à Fresnes, mais éducateur en Lorraine pour jeunes délinquants. Il a eu très froid, il donnait des cours de chimie. Cela n'aurait pas été juste qu'il soit condamné à mort, il aurait payé pour les autres. »

« Il a été bien défendu », ajoute Anne, embarrassée. Par un jeune avocat brillant, Joannès Ambre. « Il a été aussi très soutenu par un de ses amis, également avocat, Jean-Louis Tixier-Vignancour, tu connais sûrement. » Bête noire de la gauche française, Tixier fut le défenseur de l'écrivain antisémite Louis-Ferdinand Céline en 1948 et, en 1962, celui du général factieux Raoul Salan, chef de l'OAS. Il se présenta à l'élection présidentielle de 1965, avec, pour directeur de campagne, Jean-Marie Le Pen, ancien parachutiste combattant en Indochine, quand Boris Vian écrivait « Le Déserteur », et fervent partisan de la torture, quand Anne composait « Mon mari est parti ».

« Il y a eu le procès », poursuit Anne. Alice, la mère, insiste pour que ses enfants y assistent. Dans tous les journaux, en une, s'étale la photo d'Albert Beugras, condamné à la réclusion à perpétuité. « Mes camarades chapitrées par leurs parents m'ont mise en quarantaine. Le temps de s'en apercevoir… La directrice qui était la sœur du colonel Rémy, elle-même déportée, m'a sauvée, elle a engueulé les parents, m'a soutenue vraiment. » La religieuse répète à l'envi que les enfants ne sont pas responsables de leurs parents. « Tu vois, je me retrouve devant des gens qui me disent : "Cet homme mérite cent fois la mort", et c'est mon père. Les femmes tondues après la guerre, cela a été terrible. À Suresnes, de très jeunes gens sont venus à la maison, il y avait une bande de gamins très durs, nous avons été protégés par les voisins. »

Un jour, ses copains lui proposent d'aller au bois

de Boulogne, où il y a des Américains qui donnent des chewing-gums. « Moi, j'ai refusé les chewing-gums. Je ne me sentais pas légitime, je ne les méritais pas. On a beau dire : " *Ce n'est pas la faute des enfants* ", je n'y avais pas droit. Je continue à me sentir illégitime. Quand ma sœur a sorti son premier livre, j'ai eu peur. Je lui ai demandé qu'elle ne dise pas que l'on était sœurs. Elle n'a pas connu mon père. Elle a lu ses carnets. Des carnets qu'il a écrits quand il était en prison. Je n'ai jamais rien compris à tout cela. »

Anne, je l'ai perçu, aimait son père, fils de paysans bourguignons, catholique de tradition qui avait épousé une Alsacienne rigoriste et aimante. Mais je dois lui poser une question compliquée.

— Ton père était antisémite ?

— Non. Il avait suivi quelqu'un de très charismatique plutôt qu'une idéologie. Mon père a basculé, il aurait pu basculer de l'autre côté. Ce n'était pas un assoiffé de pouvoir, mais un idéaliste, un homme qui en a suivi un autre, comme c'est souvent le cas en politique. Faire de la politique, pour moi, c'est épouser les idées d'un autre. De tous les malheurs que nous avons eus dans la famille à cause de ça, j'en ai gardé non seulement un refus, mais une incompréhension totale. J'étais nulle en histoire, et je suis nulle même en tout ce qui se passe dans le monde, c'est-à-dire que je me fais expliquer les choses, je comprends, je vis les choses, mais je les ressens plus de façon viscérale et humaine que sur le plan des idées et de l'histoire. Le lendemain de la Libération, ils étaient tous résistants. Moi, je ne pouvais pas lire tout cela. Ce n'était pas mon histoire.

Jean, le fils aîné disparu, hante les Beugras de son absence. Paul a vingt-six ans lorsque leur père sort de prison. Il meurt à trente-quatre ans d'hypertension, en 1962, sans jamais avoir parlé de son père. Alice, la mère, est hémiplégique à la suite d'une hémorragie cérébrale qui la terrasse en 1956, à cinquante et un ans. Le jour de la mort de Paul, Anne Sylvestre se produit pour la première fois à l'Olympia. « J'ai chanté quatre chansons, dont "Mon mari est parti", "Éléonore". Ma sœur était avec moi dans les rideaux. » Le père interrompt son voyage vers Moscou, rentre en trombe à Paris – il a retrouvé du travail, s'est associé à un Allemand pour vendre des usines françaises aux Soviétiques, il arbore sur sa carte de visite le titre d'ingénieur-conseil au Comité de la chimie à Moscou.

Cet homme est un paradoxe. Marie, sa cadette, qui avait appelé cet inconnu « monsieur » en le visitant en prison, boit désormais de la vodka avec ce père énergique, qui à chaque retour de Moscou revient les bras chargés de caviar et toques en fourrure. Elle lit Kafka, Gide et Sartre. En se cachant, car elle sait que l'homme désormais rieur a chassé de sa bibliothèque « tous ces Juifs, ces pédés, ces philosophes à la noix ». Avec Anne, le père commence alors une autre guerre, celle de l'autorité. Mais quand il comprend qu'elle ferait carrière, il cesse de contrarier la vocation de sa fille. Il venait dans les cabarets l'encourager. « En bon traditionaliste, il devait se dire : "Qu'elle chante, et après elle épousera un bon mari. » À sa sortie de prison, mon père a tourné la page. Il sortait de dix ans de privations, de tout, de sa famille, même si ma mère et lui s'écrivaient tous les jours. »

Soudain, ce ne sont plus ses photos qui s'étalent en une, ce sont celles de sa fille, chanteuse. « Je suis à mon tour sur les journaux, mais du bon côté, j'étais syndiquée au SFA, etc. »

Des photos dans les journaux, des caricatures, des emballements. Des traumas si profonds ! Avril 2021. Je tourne en rond en ce printemps : un an de pandémie, confinement, chapitre 3. J'allume la télévision, il est minuit. On a tous grossi. On télétravaille, on chante en Zoom, on dit que le Covid-19 est un virus intelligent, qu'il mute, on va tous trinquer. Je suis affalée. Je viens de regarder un film de guerre et de bastons à la dynamite, *Quand les aigles attaquent*, avec Richard Burton et Clint Eastwood dans le rôle des héros absolus – Américains et Britanniques. Le film a été tourné en 1968. La Seconde Guerre mondiale n'est pas passée de mode.

Il y a quelques jours, toujours à la télé, que je consomme alors abondamment pour cause de couvre-feu à 19 heures, ils ont rediffusé *Le Dernier Métro*. François Truffaut le tourne en 1980 : Juifs cachés, marché noir, résistants courageux côtoient les ordures collaborationnistes, tels que ce Daxiat, critique de théâtre du journal *Je suis partout*, fondé par l'éditeur Arthème Fayard, ennemi du théâtre « enjuivé », « dégénéré ».

Condamné à mort à la Libération, « Daxiat » se réfugia en Espagne, comme le père de Gérard Philipe, qui n'en parla jamais, mais continuait à le visiter en famille. *Je suis partout* dit bien de quoi il retourne : surveillance massive, dénonciations crapuleuses, déportations, rafles, sous l'œil complice des milices françaises.

Petits lieutenants tout-puissants portant des lunettes noires, policiers sans morale, grosses ceintures en cuir avec le ventre débordant par-dessus, ces hommes qui toisent, fouilles au corps, accusations gratuites, disparitions secrètes : j'ai une peur panique de ces colliers d'injustices brutales. Je n'ai pas vécu la guerre, mais j'ai connu la dictature, au Portugal, ses guerres coloniales, puis au Brésil. J'ai voyagé, en Afrique – toujours se tenir à carreau devant la police et les sous-officiers, etc. J'ai visité le camp S21 de Phnom Penh, où les Khmers rouges massacraient leurs opposants, mais pas seulement. En y entrant, j'avais été saisie à la gorge par l'inhumain, à savoir l'arbitraire absolu. Les chaînes encore fixées au mur, les portraits des morts et des incarcérés, donnaient à l'évidence la profondeur du mal : tant de gens choisis au hasard, à l'aveugle, pour l'exemple, par soupçon…

Je n'ai pas connu la guerre, mais elle m'a traumatisée. Très jeune, j'habite Châlons-sur-Marne, patrie du grand Cabu. Nous les lycéennes fréquentons le ciné-club de l'École nationale des arts et métiers, implantée dans la capitale champenoise, où, à part ça, il n'y a rien à faire. Au menu du soir : *Nuit et Brouillard*, d'Alain Resnais, trente-deux minutes d'archives diffusées en

1956, commentaire froid de Michel Bouquet. Les textes sont de Jean Cayrol, écrivain, résistant et déporté à Mauthausen en 1943. « Même un paysage tranquille, même une prairie avec des vols de corbeaux, des moissons et des feux d'herbe, même une route où passent des voitures, des paysans, des couples, même un village pour vacances, avec une foire et un clocher, peuvent conduire tout simplement à un camp de concentration. »

Les images que je vois ce soir-là vont nourrir mes cauchemars pendant une bonne dizaine d'années. Je ne suis pas juive, ma famille n'a pas particulièrement résisté... Mais ces trains, ces hommes et femmes squelettiques, ces pelleteuses américaines qui enterrent des milliers de cadavres quand ils découvrent les camps sont des images insoutenables. Je vais rêver des nazis des nuits durant, sur toutes les coutures. Un jour, on me poursuit, le lendemain je suis enfermée, je me débats sous la poigne de fer d'un type de la Gestapo qui me hurle : « Tu as fumé, tu vas mourir. » Et puis, parfois, je suis nazie, maîtresse d'Hitler, soldat qui part à l'attaque dans les ruines de Berlin.

De longues années de psychanalyse plus tard, je n'ai toujours pas compris. Ces rêves ont cessé après la visite du cimetière juif d'Essaouira et après mon installation au Brésil pour y vivre plusieurs années.

Comment Anne Sylvestre a-t-elle supporté ces rappels constants « au mauvais côté » ? « Je ne voulais pas être démasquée. Même quand je montais sur scène, j'avais un secret honteux. J'étais sûrement idiote de penser pouvoir le cacher, mais je me serais fait couper en morceaux plutôt que de l'avouer ! À des amis, oui, je l'ai confessé, mais à chaque fois, je pensais qu'ils allaient cesser de m'aimer. » Jacques Canetti, Juif sépharade né en Bulgarie, patron des Trois Baudets et directeur artistique de Philips, ne s'arrêta pas à ce pedigree. Il lui mit le pied à l'étrier et la soutint sans questionnement, dès 1959.

Mais voilà, on n'en a pas fini avec la guerre de 39-45, pas fini avec la Shoah, pas fini avec les traîtres. Le soir de la diffusion de *Quand les aigles attaquent*, un zapping plus tard, je tombe sur *Le Procès Eichmann*. Le film retrace l'aventure de deux Américains, le réalisateur Leo Hurwitz et le producteur Milton Fruchtman, qui filmeront, en 1961, le procès de l'ancien chef nazi Adolf Eichmann, l'un des architectes de la solution finale responsable de l'extermination des Juifs d'Europe pendant la Seconde Guerre mondiale. Eichmann est traduit en justice en Israël, après avoir été exfiltré d'Argentine par des agents du Mossad.

Y sont projetées ces fameuses images d'archives, de cadavres et de cruauté, si traumatisantes. Près de quarante ans plus tard, je ne peux toujours pas les regarder. Je dois me cacher les yeux. Mais, cette fois, je n'en rêverai pas.

Dans le silence de la nuit, je poursuis mes introspections, à vif. Yasmina Reza a publié, au début de l'année 2021, un roman, *Serge*[1], bâti autour d'une

1. Flammarion, 2021.

scène épique, un voyage familial à Auschwitz. La famille nucléaire est élargie à celle des Juifs, traversée par la question de la mémoire. Jean, l'un des héros, déambule dans les allées du camp, désormais assailli par les bus de visiteurs et les perches à selfies, et pourtant hanté de la présence invisible de millions de morts. « Souviens-toi, écrit-elle. Mais pourquoi ? Pour ne pas le refaire ? Mais tu le referas. Un savoir qui n'est pas intimement relié à soi est vain. Il n'y a rien à attendre de la mémoire. Ce fétichisme de la mémoire est un simulacre. »

J'ai parfois eu le désir d'aller à Auschwitz, pour me rendre compte de l'immensité du malheur. Sentir la vibration des défunts. Mais ceux de ma famille n'y sont pas. Ils ont nourri les humus de la forêt des Ardennes, approvisionné l'ossuaire de Verdun après la boucherie de la guerre de 14-18. Édouard de Plémont, l'oncle chéri de ma grand-mère, dont la mort a signé le début de la décadence de notre fortune, a été mis en terre dans la Meuse.

Tout ça, ce sont des lieux d'histoire, « pas de mémoire », dit Yasmina Reza. Car « se souvenir de quoi, si on n'y a pas été soi-même ? La mémoire ne peut être qu'intime, personnelle... Pourquoi notre cerveau décide de se souvenir ou d'oublier, c'est bien qu'il y a un travail émotionnel qui est fait à l'intérieur de l'homme, qui choisit de ne se souvenir que de ce qu'il a vécu ».

Anne Sylvestre n'aura finalement pas vraiment vécu la guerre. Elle en a été préservée jusqu'à la Libération. Elle le raconte à Jean Monteaux, pour le livre de chez Seghers : « Je me rappelle en général, à travers une sorte de brouillard lumineux, entrecoupé de Noëls. Il y avait près de la cuisine un jasmin, un prunus et un genêt qui ne fleurissaient pas en même temps. Et puis, je vous dis ça pêle-mêle, comme ça me revient parce que vous m'obligez à l'effort du recul : des tours de vélo où je me râpais le dos des mains en passant trop près d'un mur ; des bordures… en buis très vert et de saveur âcre ; j'en ai mâché un jour ; les histoires et les chansons que j'écoutais, fervente, assise sur les genoux d'une servante qui s'appelait Juliette, en attendant Papa et Maman, le soir. » Elle conclut : « Tout cela est flou. En dire davantage m'amènerait peut-être à inventer. Je ne veux pas. Une enfance, ça ne se trahit pas. »

Je pense à la petite fille dans les bras de « La Tondue de Chartres ». Je pense au beau roman de Camille de Toledo, *Thésée, sa vie nouvelle* [1], que je lis, l'histoire d'un homme hanté par la pendaison de son frère et qui écrit : « Il y a quelque chose de plus vaste que la mémoire de l'esprit ; il y a le profond souvenir ancré dans la matière du corps. »

---

1. Verdier, 2020.

6

Reconstruction

Des narcisses et des goélands, des bancs de sable blanc, des plages sauvages où nichent les gravelots, des eaux turquoise. Voici l'archipel des Glénan, longtemps défendu des fureurs soudaines de la mer, des corsaires anglais et des rumeurs maritimes par le phare de Penfret et le fort Cigogne. L'eau est glaciale, mais un microclimat garantit un plus d'ensoleillement à ce Sud-Finistère. Face à Concarneau, les neuf îles n'ont jamais cédé au confort moderne, cultivant une vision quelque peu spartiate du bord de mer. Il n'y a ni eau potable ni tout-à-l'égout, et seulement une poignée d'habitants, à Saint-Nicolas, pendant l'été. Pour l'énergie, une éolienne… Aujourd'hui encore, les îles de Glénan sont climato-compatibles.

En 1946, un couple d'intellectuels parisiens, Hélène et Philippe Viannay, viennent reprendre leur souffle en Bretagne Sud. Zone complètement interdite pendant la guerre, la mer incarne la liberté retrouvée, et ces îles sauvages indiquent qu'un nouveau monde, harmonieux, peut se reconstruire. « On avait appris pendant la Résistance à faire confiance aux gens selon leur comportement, on jugeait sur ce qu'ils faisaient, pas sur leur âge, profession, famille. Non, on allait au "caillou", on construisait, on faisait la chaîne », expliquait Hélène Viannay, citée dans un documentaire [1]. Bienveillance et responsabilité personnelle refondent des étés où les caractères se forgent avec les vents.

En 1941, Philippe Viannay a créé Défense de la France, un mouvement de résistance, et un journal du même nom. Cet agrégé de philosophie a pris le pseudonyme latin d'Indomitus, l'« Insoumis ». En 1944, avec son épouse Hélène, fille d'une menchevik russe exilée en France et d'un bolchevique réfugié, il fonde *France-Soir* et, en 1945, le Centre de formation des journalistes de Paris. À la Libération, la France est en lambeaux. Enfants de collabos, déportés, Juifs ou résistants : les cabossés de la guerre ont besoin de sortir de la dépression et de retrouver le goût de la vie.

En 1947, le couple ouvre une école de voile dans le paradis qu'ils ont découvert. « Philippe avait les idées et moi, je réalisais », expliquait Hélène Viannay, avant sa mort en 2006. « Il avait du panache. Nous n'avions rien. » Philippe Viannay se souvient d'un solide réseau de centres nautiques développé par le régime de Vichy. « Philippe appelle les dirigeants de l'époque pour récupérer les bateaux. Ils avaient tous été pétainistes. Et

1. *Les Glénans, une certaine idée de la mer*, de Clarisse Feletin, 2016.

tous s'aplatissent devant un résistant, ils obéissent immédiatement et nous donnent leurs bateaux. »

L'école de voile s'installe sur l'île du Loch, propriété de la famille Bolloré (l'industriel Vincent Bolloré l'a depuis rachetée à ses cousins, en 2010). Mais les Viannay ne savent toujours pas naviguer. Ils font appel à un ancien membre de leur réseau, Henri Desjoyeaux, chasseur alpin plutôt axé sur la montagne, qui se convertit rapidement à la mer. Sur l'île du Loch, on joue au volley, aux cartes, et Desjoyeaux donne des cours de voile avec un cageot à légumes. « Mais les propriétaires de l'île s'aperçoivent qu'il y avait des filles et des garçons mélangés dans notre camp. Ils exigent que nous partions immédiatement », s'amusait Hélène Viannay, pionnière en matière de mixité. À l'été 1949, les Glénans ont dix jours pour plier bagage. Ils se réfugient à Penfret. Avec une charrette, un cheval de trait, une « plate » et un cotre de sept mètres de long, ils transportent les bateaux, les tentes... L'école possède un bateau à misaine baptisé *Le Rebelle*, une flottille de récupération et s'installe sur les îles de Drenec et Penfret.

La voile est alors un sport d'élite. Anticonsuméristes, les Viannay ont appris des leçons de la guerre, de la collaboration, des dénonciations, des déportations dont les fils secrets ont été tirés par la cupidité et la corruption financière autant que par l'idéologie. En 1951, l'architecte naval Jean-Jacques Herbulot dessine à leur demande un bateau « démocratique », *Le Vaurien*, un dériveur de 4,8 mètres, construit en contreplaqué. « En contreplaqué ! La fédération de la voile a trouvé cela honteux, criminel. Ce fut le premier bateau de série. Les notables ont hurlé : “Alors maintenant, n’importe qui peut faire du bateau ?” »

Si les Glénans sont devenus et demeurent un épicentre de la culture marine, c’est grâce à un stagiaire parti à la dérive à l’aube des années 1950, sans que personne s’en aperçoive. Le jeune audacieux fut repêché *in extremis* par une navigatrice solitaire. Aux Glénans *première période*, on « s’asseyait sur les brassières de sécurité », au sens propre du mot, expliquait Hélène Viannay. « Quand on partait sur le continent, on les mettait au fond du bateau, on posait le pain dessus pour qu’il reste sec. On venait de la guerre, on avait vécu d’autres soucis. » Après cette fugue maritime, « on organise le quart », une surveillance depuis le fort Cigogne, et on appelle à la rescousse Jean-Louis Goldschmid, mécanicien de précision suisse, pour manufacturer des pièces de bateau.

C’est en coulant qu’on invente, par exemple, la bouée fer à cheval. Ou la brassière moderne. Un jour, après un dessalage en règle, Goldschmid s’aperçoit que les brassières se nouent avec des lacets inefficaces en cas de coup dur. Il trouve la solution dans une boutique de vêtements pour femmes et s’inspire du système d’accrochage des soutiens-gorge. Puis, avec Hélène Viannay, il entreprend la rédaction de l’indétrônable bible des amateurs de voile depuis sa première édition en 1961 : le *Cours de navigation des Glénans*, mille soixante-douze pages de haute technicité plaisancière.

Pourquoi raconter l'histoire des Glénans? Parce que cette école à la dure a délivré Anne Sylvestre des démons de la culpabilité. Elle lui a donné une liberté immense : celle de bricoler, de compter sur ses seules forces, des apprentissages qu'elle a pu transposer dans les cabarets de la rive gauche, où toutes les audaces étaient permises.

À l'adolescence, Anne Sylvestre commence à écrire. Enfant, elle a déjà accumulé un large répertoire de chansons françaises, comptines, classiques du scoutisme, etc. Sa mère joue du piano. Elle pleure, encore et encore. Elle n'a pas huit ans quand naît sa sœur Marie. Elle le prend mal, la cadette la prive de l'exclusivité de son royaume de fille. Dans la grande maison de Tassin-la-Demi-Lune, Anne lit des contes d'Andersen et de Perrault. Juliette, la bonne adorée, chante du Ray Ventura. Le père débarque par intermittence, et la mère attend. « L'attente est une faculté que j'ai gagnée d'elle. Attendre devient une occupation. » Alice, la mère, est alsacienne et, à ce titre, parle l'allemand. « Elle avait un grand-père saxon, une famille allemande qui s'est retrouvée à l'Est après la guerre. Elle n'avait pas adhéré du tout à la folie nazie. Mais maman était aussi très traditionnelle dans sa manière de voir la famille. Elle était orpheline. Mariée à tout juste vingt ans, elle s'est retrouvée dans la région lyonnaise, puisque mon père y travaillait pour Rhône-Poulenc. Au début, elle voulait que son fils aîné, Jean, soit bilingue, c'était normal pour elle. Mais les autres femmes d'ingénieurs, etc., ont commencé à l'appeler "la Boche", elle a arrêté. Maman était une sorte de femme qui sauve le père, elle n'a jamais rien dit contre lui, ne l'a jamais accablé. Le silence lui était naturel. »

Alice Lidolf (1904-1971), la mère d'Anne Sylvestre, était issue d'une famille alsacienne. Les hommes exercent des métiers modestes (ouvriers, journaliers et cultivateurs, maçon ou maréchal-ferrant). La grand-mère maternelle d'Anne Sylvestre, Anna Kroeber (1878-1925), est native de Strasbourg mais la lignée de son père, Otto Rudolph Richard Kroeber, est allemande, d'Altenburg dans la région de Münster, en Westphalie du Nord.

En 1943, les Beugras déménagent à Paris, avenue Rodin dans le XVIe arrondissement, un sept-pièces très clair, cuisine, office, lingerie. Jean et Paul intègrent le lycée Janson-de-Sailly, Anne le très catholique Institut de la Tour, tenu par les sœurs de Sainte-Clothilde. Elle fait du patin à roulettes dans le bois de Boulogne. Le père a offert un piano Steinway à sa femme Alice. Elle chante des comptines alsaciennes, retrouvées dans un cahier lors d'un voyage vers l'Allemagne avant la guerre. Jean se lance dans le scoutisme, puis, à seize ans, adhère aux jeunesses du PPF.

En 1944, la famille se réfugie à Suresnes. Anne devient jeannette aux Guides de France. Elle apprend des chansons traditionnelles françaises. Elle me raconte : « J'étais dans une famille privilégiée. Mon père en prison, ma mère se retrouve avec trois enfants, elle se ruine le dos en étant standardiste dans une usine. Je ne suis jamais allée aux sports d'hiver, je ne suis jamais allée en Angleterre. J'ai fait du scoutisme. Voilà comment on tourne la page. Je ne pouvais pas dire qu'on n'avait pas de sous, que je portais les manteaux de mes frères, retournés. On est allés habiter un moment chez Juliette, notre bonne. Qui nous a accueillis. Non, je n'ai jamais été battue, pas de gifle, rien. La famille s'était équilibrée avec Jean, et après sa disparition, Paul est promu chef de famille à quinze ans. Il s'est retourné contre moi : " *Tu es grosse, tu es moche, t'es con.* " Je ne pouvais pas ouvrir la bouche sans apprendre que j'étais idiote. Ça ne donne pas beaucoup de confiance en toi. Paul était malade, il avait eu la scarlatine, il en était resté hypertendu. C'était un as dans l'électricité, il y avait des fils partout, il nous a construit notre première télé, il jouait de la clarinette, du jazz, mais je n'arrivais pas à remplacer mon frère Jean, ce qui était mon rôle auprès de maman. »

Et puis Anne est, dit-elle, « saisie d'une grande paresse ». Passe des heures devant le piano droit (le Steinway a été abandonné dans la débâcle). Elle joue des accords, depuis toujours elle adore les accords. « Il y a des sons qui sont comme des friandises, des trucs à manger. » Ses premières chansons pour adultes viennent à la guitare, un instrument « qui fait illusion même si on en joue pas bien » qu'elle apprend, accord par accord, sur une guitare pourrie.

Anne Sylvestre étudie à la Sorbonne, intègre une classe d'hypokhâgne, « ce couvent laïque. Et j'avais une amie. Son père lui avait interdit de me fréquenter quand il a appris qui était mon père. Elle est passée outre ».

L'amie d'hypokhâgne propose d'aller en stage aux Glénans, « de faire de la voile, j'avais vu la mer mais pas beaucoup, deux fois peut-être. Je ne suis jamais allée à la montagne, on n'avait pas les moyens. Aux Glénans, ça a marché de suite, j'étais assez costaude, porter les bateaux était un vrai bonheur. Là, j'ai découvert l'amitié, les copains. La camaraderie, ça existe. Aux Glénans, dès que j'étais amoureuse de quelqu'un, il fallait que je lui dise pour être honnête : "Tu sais, mon père..." Ça créait tout de suite des distances. J'y ai pris mes habitudes. J'ai été "maîtresse de maison" pour les stages. J'ai fini par emporter ma guitare, une vieille casserole, et comme j'avais déjà commencé à écrire quelques petites choses, je les ai chantées à la veillée ».

C'est donc là, dans ce repaire de résistants, qu'Anne Sylvestre va s'épanouir. Elle a quinze ans quand son père est condamné à la prison à perpétuité. Vingt ans lorsqu'elle part sur l'île de Drenec. « C'était pour moi la découverte de l'amitié et de la mer tout ensemble, la découverte d'une passion, la réalisation d'un rêve que je ne croyais pas pour moi. La mer, je la cherchais depuis toujours. Là, je la découvrais dans toute sa splendeur. C'est une parenté », confiait-elle à Monique Detry en 1980. Aux Glénans, elle chante à la veillée. Quelques années plus tard, elle en fera une chanson, « Les Amis d'autrefois » (« *Plus la mer était dure / Et mieux nous vivions /*

Et puis quand au soir tranquille / On se retrouvait / Magique et facile / Cet air nous berçait »).

Un jour, aux Glénans, un garçon lui dit : « Je connais les cabarets, j'y chante, appelle le patron de La Colombe, Michel Valette. » Anne prend le numéro, le garde en poche, attend un an et finit par appeler. Entre-temps, le ciel s'est obscurci. En 1955, bénéficiant d'une remise de peine, Albert Beugras est libéré après dix ans d'incarcération. Il reprend son travail d'ingénieur et sa place de chef de famille. Mais Anne a grandi et s'est affranchie de la loi du père. Éclats de voix, colères noires, conflits en série. Anne découche, rentre au petit matin, il déteste. Marie Chaix se souvient de bagarres épiques. Anne déménage. « Il aurait fallu que je sois tous les soirs au taquet pour dîner avec lui !... Maman, elle aussi, a vécu durement cette période. Tout d'un coup, il était revenu, c'est lui qui était le maître, il tenait les sous, alors que pendant des années, elle n'avait pas arrêté de travailler dur... et là, elle devait lui demander de l'argent pour s'acheter une paire de bas ! Là, il y a eu un moment compliqué qui m'a fait basculer du côté des femmes, par solidarité, devant une certaine injustice », confiait-elle à Daniel Pantchenko [1]. Usée par cette vie en dents de scie, Alice sera victime en 1956 d'une hémorragie cérébrale qui la « coupe en deux », hémiplégique à vie.

Anne continue de panser ses blessures aux Glénans. Et finit par appeler Michel Valette en 1957.

---

1. *Anne Sylvestre. « Et elle chante encore ? »*, Fayard, 2012.

Devant lui, elle chante « tout ce que j'avais, et je m'attendais à ce qu'il me demande de partir, mais il m'a dit : "Vous commencez la semaine prochaine." Je pleurais tous les soirs. Quand on est timide, c'est terrible. Il y a des gens qui essaient, mais qui renoncent parce qu'ils ont peur, ça leur fait mal. Moi aussi. Mais tous les jours, après avoir chanté mes quelques chansons, j'allais me réfugier aux toilettes, je pleurais, je me disais : "Je ne serai jamais untel ou untel." Hélène Martin, Guy Béart. Et j'y retournais le lendemain. Il faut vraiment le vouloir pour le faire. Ce n'est pas "Ah, tiens, j'ai envie de faire des chansons". Et là, je ne voyais plus ce que je pouvais faire d'autre ».

De plus en plus convaincu des talents de sa fille, Albert Beugras se prend d'affection pour les cabarets. « J'avais vingt ans. Il savait que je chantonnais dans la salle de bains. Le premier jour où j'ai chanté à La Colombe, il est venu avec moi : "Je ne sais pas ce que c'est que cette boîte, je veux voir." Il est devenu un habitué, il commentait à chaque fois. » Un jour, des consommateurs persiflent : « Avec un nez comme ça, elle devrait jouer Cyrano. » Le père bondit, furieux : « Il ne vous plaît pas, le nez de ma fille ? »

7

Les débuts en chanson

Ah ! le nez, le nez au milieu de la figure, le nez qui révèle, le nez inventé, le nez symbole freudien, le nez crochu. « Juif, c'est pas une religion. Aucune religion ne fait pousser un nez comme cela », avait un jour cyniquement dégainé Serge Gainsbourg. Le poète-chanteur avait porté fièrement son appendice nasal mais s'était fait lui-même recoller les oreilles, qu'il avait en feuille de chou. Il avait peu apprécié que son amie Juliette Gréco, pionnière de la chirurgie esthétique dès la fin des années 1940, ait raboté son joli nez trop pointu par deux fois. Gainsbourg avait vu dans la réduction de la proéminence nasale de Gréco une perte d'identité.

Quand il défend sa fille des quolibets de noceurs aveugles, Albert, le père, ne trempe pas dans la propagande nazie du *Juif éternel.* Il demeure inconsciemment dans la tradition du nez outragé de *Cyrano de Bergerac* d'Edmond Rostand : « *Mais il doit tremper dans votre tasse / Pour boire, faites-vous fabriquer un hanap !* » En 1962, quand la jeune Sylvestre fait l'Olympia en première partie de Gilbert Bécaud, le patron des lieux, Bruno Coquatrix, lui dit : « Anne, entrez par le fond, si vous entrez de profil, on verra trop votre nez. » Elle le racontait, Anne, en rigolant. « À l'époque, le nez était important, un grand nez n'était pas dans les canons. Mais, moi, je savais que rectifier le nez peut même changer la voix. »

Résister, c'est accepter. Anne Sylvestre comprend, lentement, que le grand nez, droit, expansif, tranche le profil, mais ne l'abîme pas. Elle fera avec, comme nous tous·tes : « *Un mauvais jour, j'ai découvert ton grand nez, j'ai trouvé ça moche / Mais tu m'as dit : "Pauvre caboche, regarde un peu, tu as les yeux verts"* », écrira-t-elle en 1981 dans « Carcasse », vingt ans après la parution de son premier 33-tours, *Anne Sylvestre chante…*, dont la pochette est ornée de nénuphars en fleur.

Anne, rue de la Réunion, exhume une pochette d'un tas d'archives : *Anne Sylvestre, numéro 2*, Philips. « Regarde ! C'est affreux. Je déteste la photo de la pochette de ce disque. C'est la seule photo qui m'ait fait pleurer. J'ai l'air d'un veau. Là, ce sont les autres qui ont choisi pour moi, ça ne va pas. Je suis devenue ma propre productrice justement pour pouvoir choisir. J'ai des gros yeux de veau. Ils m'avaient dit : "Mettez de la couleur." Je mets une chemise verte et ils me collent un fond rouge ! » Anne Sylvestre râle, pourtant le disque est magnifique, il fait suite à ses premiers 45-tours, construits dès 1959 sur des chansons imparables : « Les Cathédrales », « Mon mari est parti », « Philomène », « Porteuse d'eau », etc.

Des yeux de veau, donc, et le nez planté au milieu de la figure. Paru en 1962, cet album inscrit pourtant Anne Sylvestre dans la lignée des grands de la chanson française – dans le livret, elle y est photographiée avec Georges Brassens qui lui a prêté son contrebassiste, Pierre Nicolas. D'elle, Brassens saluait « la sobriété de l'interprétation. Elle puise dans l'inspiration comme le font tous les poètes, c'est-à-dire tout ce qui concerne l'homme, c'est tout à fait différent de la chanson que l'on fait pour le music-hall, c'est la chanson intérieure, le poème chanté ». Croyant la flatter, on la surnomma « la Brassens en jupon ». Évidemment, ça l'a terriblement agacée. Brassens, aussi.

En 1962, les cabarets avaient abandonné les modèles germanopratins. *Exit* Le Tabou, les caves et l'existentialisme. La nouvelle vague chansonnière a tourné la page. La génération Sylvestre s'ébroue dans un entre-deux inconfortable. L'histoire telle qu'apprise à l'école est incroyablement linéaire, chronologique et rangée en compartiments. En 2008, l'introduction d'un module obligatoire d'« histoire des arts » avait pris des allures de révolution, parce que les profs de français, de dessin, de langues, d'histoire avaient été priés de raconter une histoire commune et de cesser de la livrer à la découpe.

Apprendre par exemple qu'en 1934, alors qu'Anne-Marie Thérèse Beugras vient de naître, et tandis que Tino Rossi roucoule sur « Ô Corse, île d'amour », le parti nazi liquide les SA pendant la Nuit des longs couteaux, épisode sanglant et orgiaque, qui inspira *Les*

Damnés du réalisateur italien Luchino Visconti (1969). Plutôt qu'une ligne droite tracée à la règle, l'histoire est une superposition – un père aimant son enfant sur la balançoire du jardin en fleurs, tout en constituant un réseau de renseignement pro-allemand. En même temps. La philosophie « quantique », que l'on peut résumer à l'idée de la superposition du temps et de l'espace, permettant d'incurver la réalité dans un sens ou dans un autre, selon le regard qu'on y porte, devient très en vogue en 2020. Les années 1960 regorgent d'exemples de parallélismes décalés et souvent contradictoires. Dans la sphère du spectacle aussi.

Ainsi, le music-hall, malgré la révolution existentialiste et l'arrivée imminente du rock et des yé-yé, avait maintenu les fondamentaux du genre : trois heures de spectacle, avec les vedettes « anglaises » qui chantaient quatre ou cinq chansons, puis les vedettes « américaines » qui terminaient la première partie, et enfin la tête d'affiche. Au milieu, il y avait des « attractions », humour, ballet, magie. C'est alors le b.a.-ba du déroulement du spectacle.

Anne Sylvestre passe donc en première partie de Gilbert Bécaud, le roi de l'Olympia depuis que ses groupies avaient cassé les fauteuils et jeté leurs petites culottes sur la scène. Elle chante juste après les otaries (souvent confondues avec les phoques) du capitaine Danion – le dresseur les avait formées aux jeux de ballon. « Alors qu'elle commençait sa première chanson, Danion distribuait du poisson pour récompenser les animaux. Les paroles et la musique étaient couvertes par des “yack, yack, yack” », se rappelait le directeur artistique Jean-Michel Boris, le neveu de Bruno Coquatrix.

« Ah oui ! et ce n’était pas tout, m’avait précisé Anne, rue de la Réunion. Dans la cour de l’Olympia, il y avait un type qui découpait le poisson. Et puis un phoque, c’est gros, je les croisais avec ma guitare dans le couloir, c’est luisant comme bête, on se bousculait. J’ai beaucoup appris de ces temps de music-hall. À Bobino, c’est le régisseur, Fernand, qui me disait comment saluer, rester, revenir. C’était chouette. » Si Bruno Coquatrix s’était intéressé à Anne Sylvestre, c’est parce qu’elle avait été incluse dans l’équipe Jacques Canetti, patron des Trois Baudets, à Pigalle. Rentré en France après s’être réfugié en Algérie, parce que juif, Jacques Canetti, frère du prix Nobel de littérature Elias Canetti, était devenu directeur artistique chez Polydor et avait ouvert son cabaret, rive droite. Canetti a un flair infaillible. En 1948, le premier spectacle des Trois Baudets réunit Henri Salvador, Jacqueline François, Jean-Roger Caussimon et Francis Lemarque. Viendront ensuite Robert Lamoureux, Francis Blanche, Boby Lapointe, Catherine Sauvage, Anne Sylvestre, Mouloudji, Raymond Devos, Félix Leclerc, Darry Cowl, Béart, Gréco, Vian, Brel, Brassens, Gainsbourg, Jacques Higelin… Passer chez Canetti équivalait à une consécration. « En quelque sorte, j’ai fait partie du rêve des artistes », résumait l’impétrant.

Guy Béart – père catholique, mère juive –, rencontré rive gauche, présente Anne Sylvestre à Jacques Canetti. En 1959, Claude Sarraute, critique du journal *Le Monde*, repère aux Trois Baudets cette jeune chanteuse qui dénote : « Anne Sylvestre, c'est un nom de plein air, un nom qui sent le terroir, la douceur roussie de certains soirs d'automne, et le raisin vendangé, le blé engrangé, et les mille sentiers d'une imagination curieusement accordée aux réalités essentielles, au rythme lent de la vie des champs. De là son attrait sur nous autres, rats des champs. »

Même son de cloche au *Canard enchaîné* où l'article s'ouvre sur une citation extraite de « Porteuse d'eau » : « "*J'suis taillée dedans ce bois / Qui emmanche les bêches / Celui duquel on fait les croix / Parfois aussi des flèches…*" Cela j'imagine pour nous laisser entendre qu'elle n'est pas une chanteuse de charme. Je ne sais pas quel arbre produit les manches de bêche, mais, en tout cas, Anne Sylvestre (pas bêcheuse du tout d'ailleurs) n'est pas du bois dont on fait les flûtes. Les chansons qui passent – par sa guitare et par sa voix… "La Noce", "Pleure", "Annabel" – ont la rugosité de l'arbre dont Brassens a taillé sa pipe. La rugosité de l'expression dissimule une tendresse mélancolique qui n'échappe pas à ceux qui ne sont pas trop durs de la feuille. »

Rugueuse, bougonne, champêtre : Anne Sylvestre gagne une image qui va à contre-courant des prémices de la libération rock. « Je pense que c'était plutôt un écran. C'était une façon de rendre acceptable d'être une fille, d'avoir vingt ans, de faire des chansons où je disais des choses non conventionnelles, mais je ne pouvais pas les écrire, je n'osais pas, j'étais timide. Il y a certaines choses qui sont derrière ces écrans-là, les sabots, les bergerettes, c'était le décor, confiait Anne Sylvestre à Hélène Hazera. J'étais très innocente, je n'étais jamais rentrée dans un cabaret, rien. J'avais juste entendu Nicole Louvier à la radio… Découvrir à la radio Nicole Louvier, ça a été quelque chose d'important pour moi, pas du tout comme inspiration ni comme quelqu'un à suivre, mais c'était simplement qu'elle existe. Que ce soit une fille d'à peu près mon âge qui écrivait des chansons, en s'accompagnant à la guitare et qui avait l'air d'en faire son métier. »

Anne Sylvestre est timide, elle n'en rajoute pas, elle ne sait pas construire son image. « Je pense que j'étais trop simple, je n'avais pas d'amants, je n'avais pas le temps, mon monde, mon entourage, c'étaient les cabarets, c'était une bande de copains », Ricet Barrier, Boby Lapointe, des rigolos, des indisciplinés, marginaux dans leur genre. Elle débute à La Colombe sur l'île de la Cité, puis fait Le Cheval d'or, La Contrescarpe, établissement dirigé par la comédienne Arlette Reinerg, Le Port du Salut, Chez Moineau… Les cabarets rive gauche de cette époque sont ainsi définis par Yves Jeuland, qui leur a consacré un documentaire, *Il est minuit, Paris s'éveille* (2012) : « C'est un esprit plus bohème, plus authentique, plus intello, plus "bobo" que la rive droite. L'exigence des textes y est plus forte, le cachet des artistes plus faible et le public plus attentif. » « Sur la rive gauche, il n'y a pas de seau à champagne, explique le conteur et chanteur Henri Gougaud. Sur la rive droite, il y a quelque chose d'un esprit irrémédiablement bourgeois. »

Jupe (pas de pantalon pour les femmes à cette époque), frange, et guitare désaccordée – devant l'ampleur des dégâts, Guy Béart lui prête la sienne. « À La Colombe, au rez-de-chaussée, ne passaient que des chanteurs à guitare parce qu'il n'y avait pas de scène, on chantait assis sur un tabouret devant une espèce d'arche. Sur scène, confiait Anne Sylvestre au *Monde* en 1998, j'étais morte de peur. J'arrivais comme ça, sans maquillage, en jupe plissée. J'avais un ciré jaune et trois couches de pulls en dessous. Il fallait couvrir le bruit des dîneurs, il n'y avait pas de micro, juste de la place pour la guitare et le tabouret. » L'esprit potache et grave ne leur fera jamais défaut.

En 1969, Anne Sylvestre chante une drôle de chanson, « Depuis l'temps que j'l'attends, mon prince charmant », en duo avec Boby Lapointe. Et tout le monde se marre. Ils la chantent pour « Top à la Une » sur l'ORTF, produit par les pontes des variétés à la télévision, Gilbert et Maritie Carpentier. Le décor : elle, derrière un cadre de fenêtre, jupe longue, pull à manches bouffantes. Lui, en cellule, bob de marin et combinaison rayée des bagnards. Il essaie de limer les barreaux de sa prison, avec une lime à ongles ridicule. Elle : « *Depuis le temps que je brode / Sans relâche mon trousseau / J'en ai vu passer des modes / J'en ai tordu des ciseaux / Hélas je ne peux plus mettre / Mes culottes* de *Pilou / Sécher devant la fenêtre / Sans ameuter les voyous / [...] Depuis l'temps que j'l'attends / Que j'l'attends mon prince charmant.* »

Lapointe, avec sa barbiche et ses airs naïfs, lime, lime. À la fin, Anne Sylvestre est au bord du fou rire (pour de vrai). La chanson dit : pas de mariage, « *pour la gaudriole, plus besoin de clergé* ». Elle : « *Je pense à ce que ma mère / A failli me dire un soir / Des choses bien singulières / Que je ne veux pas savoir.* »

Sur le coup, on dira : c'est du Boby Lapointe, l'auteur surréaliste et joueur d'« Avanie et Framboise ». Non, c'est de l'Anne Sylvestre, paroles et musique.

N'oublions jamais : Anne répète qu'elle a tout dit en chanson. Qu'elle a semé des allées de cailloux blancs ! Lui conclut la chanson : « *Voilà j'arrive, mon aimée / Tu peux broder mon S / À côté de ton A / Longtemps déjà je t'ai cherchée...* » Quelles initiales ? SA : SA, Sylvestre Anne ; SA, les paramilitaires du national-socialisme ? Pourquoi ces barreaux de prison, dont la mère disait, à chaque visite au père condamné : « *N'accrochez pas vos doigts après les grillages, vous n'êtes pas des singes !* »

L'inconscient a ses mystères et Anne Sylvestre est une résiliente. « Une amie médecin m'avait dit que la résilience, c'est la résistance des métaux aux chocs, c'est aussi la faculté d'absorber les chocs, de rebondir et de résister. Elle m'avait dit d'ailleurs que j'étais un très bel exemple de résilience. Je pense que c'était ça ou j'étais détruite complètement, ou je devenais folle ou alors je continuais et j'écrivais », expliquait Anne Sylvestre à France Culture. Ajoutons un élément important du mouvement de résilience : l'humour.

Boby Lapointe, c'est son pote. À la fin de la guerre, le natif de Pézenas monte à Paris et ouvre un commerce de layette, qui flanche, avant de se reconvertir dans l'installation d'antennes de télévision. Il écrit des chansons. En 1954, Bourvil et son réalisateur Gilles Grangier choisissent « Aragon et Castille » pour le film *Poisson d'avril.* C'est au Cheval d'or que Boby croise Anne Sylvestre. Il est grand, carré, athlétique. Il a des airs faussement bourrus, une élocution aléatoire, et fait des jeux de mots. En 1960, c'est au tour de François Truffaut d'embaucher Boby Lapointe pour le film qu'il prépare avec Charles Aznavour, *Tirez sur le pianiste.* Boby Lapointe chante « Avanie et Framboise » et « Marcelle », Truffaut fait sous-titrer les chansons, tant le chanteur accumule les contrepèteries, les calembours, les allitérations…

Quand elle se lie d'amitié avec Boby Lapointe, de douze ans son aîné, tout le monde est au courant à propos d'Albert Beugras. Féru de mathématiques, Boby Lapointe a été enrôlé de force au Service du travail obligatoire (STO) en 1943. Il est expédié à Linz en Autriche. Il s'évade, est rattrapé, prend à nouveau la poudre d'escampette, cette fois sous le pseudonyme revanchard de Robert Foulcan. En mai 1944, recherché par les soldats allemands, il se planque comme scaphandrier dans le port de La Ciotat.

Dans l'univers Sylvestre, il y a Lapointe, il y a aussi Ricet Barrier, qui fut le premier élève du Petit Conservatoire de la chanson de Mireille et auteur d'un tube, « La Servante du château ». Yeux pétillants, paroles acerbes, gentillesse sous-jacente, il multiplie les succès : « Le Rayon de lune » (1959), « Sur les bords de la Loire » (1961), « Isabelle, v'là l'printemps » (1967), etc. Au chic urbain, Ricet Barrier avait ajouté des ingrédients paysans, accent de la campagne, scènes de vie entre château et poulailler. Barrier, ancien professeur d'éducation physique, s'amuse, avant de parodier Jacques Dutronc dans « 300 millions » (de spermatozoïdes) que chantent les Frères Jacques.

Cheveux longs et frange au front, Anne Sylvestre s'encanaille avec Boby Lapointe jusqu'à l'aube. Pour gagner sa vie, elle « fait » cinq cabarets par soir. Au Cheval d'or, Boby Lapointe surgit d'une trappe et abolit les limites entre artistes et public. « Ce n'est pas un spectacle, mais une façon de voir. Impossible de nous séparer, l'aube nous trouve sur le trottoir. J'avais froid. J'étais enceinte, sans voiture, ni téléphone. J'habitais à Saint-Michel-sur-Orge, il fallait que j'attende le premier train, alors on tuait le temps Aux Autobus, un bistrot du Chatelet, pour attendre mon train qui partait de Saint-Michel. »

Les cheveux dans les yeux, le regard fuyant, la voix mince, Anne se rapproche du pianiste de La Colombe, Marcel Yonnet, s'installe avec lui à Saint-Michel-sur-Orge en banlieue sud et fait un enfant, une fille. Alice. Elle le quittera assez rapidement, au profit d'Henri Droux, contrebassiste, accompagnateur de Ricet Barrier. Sa seconde fille, Philomène, naît en 1966. « "En plus, elle est mère de famille", disait-on. Cela me rendait moins disponible, j'habitais en banlieue, j'allais chanter, je revenais au petit matin. Je n'ai jamais été mondaine, je ne sais pas cultiver les relations, je fais des chansons, je les chante. Voilà. C'est le plus important. »

« Le succès n'a pas réussi à rendre Anne Sylvestre sophistiquée », écrit *Clair Foyer* en 1964. Alice a presque quatre ans. « Il est 15 h 30, Anne nous fait rentrer dans la cuisine où Marc Antoine, gros chat de gouttière très aimable, vient s'installer sur mes genoux, comme pour excuser sa maîtresse de n'être pas prête. » Anne revient, en tailleur beige. Elle est rentrée tard après le spectacle. Elle doit se maquiller pendant qu'elle papote avec la journaliste. « Et sans autre façon, elle puise un peu d'eau au bain-marie, la verse dans une simple cuvette en plastique et, armée des bouteilles, petits pots et pinceaux, efface les traces de fatigue de la nuit. » Tout est dit, l'image ne changera pas.

« Je suis entrée chez Philips, me dit Anne Sylvestre, où il y avait Gréco, Barbara, la concurrence était organisée dans la maison. La musique est un marché concurrentiel. Parce que ce n'était pas possible, dans une même maison de disques par exemple, qu'il y ait deux femmes, explique Anne Sylvestre. Je débarquais, je ne savais rien, je signais des contrats absurdes, l'édition jumelée avec la publication des disques ! » Philips publie ses albums, mais n'essaie même pas de bâtir une image Anne Sylvestre. « Les chargés de presse ne savaient pas comment me prendre, je débarquais, ce n'était pas glamour, j'avais une petite fille et bientôt une deuxième. L'image n'est pas la meilleure. »

Jusqu'à son départ en 1962, Jacques Canetti s'oppose bec et ongles à l'éviction d'une artiste hors cadre. Et bientôt, « le grand mensonge marketing va commencer avec le twist. Avant l'été, j'étais allée voir Coquatrix. Il me dit : "Vous allez voir, vous êtes passée à l'Olympia, votre cachet va exploser." Mais pendant l'été, les "yé-yé" sont arrivés », portés par Europe 1 et *Salut les copains*, qui pratiquent le matraquage et présentent la Nouvelle Vague comme une rupture radicale avec le passé. « En 1963, il y a eu le concert de la Nation, et ça a été une grosse catastrophe, tous les gens qui faisaient de la chanson ont été balayés, certains ont abandonné, d'autres sont partis vers le théâtre, vers le doublage. Rien d'autre n'existait. Brassens avait passé le nez au-dessus de l'eau. Moi, Béart, Barrier aussi, donc nous avons tenu. Cette nouvelle tendance n'est pas arrivée en plus, comme c'est souvent le cas, mais là non, c'était une cassure. »

Le 22 juin 1963, place de la Nation, à Paris, cent cinquante mille fans viennent applaudir Johnny Hallyday, Sylvie Vartan, Richard Anthony et Les Chats sauvages. On se bouscule désormais pour travailler pour celui qui est devenu un phénomène social, chef de file de la génération « yé-yé », terme inventé par le sociologue et philosophe Edgar Morin, dans *Le Monde* des 6 et 8 juillet. L'avenir appartient aux teenagers, les « décagénaires », qui n'ont pas connu, ou si peu, la guerre. Ils grandissent dans l'euphorie de la reconstruction et à l'ombre des bases américaines. Pour autant, ils appartiennent à la même histoire.

Anne Sylvestre, elle, veut récupérer une identité qui lui a été volée par l'histoire. « À cause de mon père, qui avait eu sa photo dans tous les journaux. » Parallèlement, l'industrie du disque construit la légende de l'idole des jeunes, Johnny Hallyday. En 1960, en plein boom du modèle made in USA, le jeune Johnny est l'invité dans l'émission « L'École des vedettes » animée par Aimée Mortimer, il répond aux questions de sa « marraine », Line Renaud, qui prononce Hallyday avec un « H » hautement aspiré, parce que « le père est américain ». « Oui, oui », murmure Jean-Philippe Smet, dont la carrière va se bâtir sur un mensonge. Jamais Anne Sylvestre n'aurait accepté une telle transposition de la vérité.

Mais, au début des années 1960, il y a ce que l'on peut dire et ce qui doit être passé sous silence. Personne ne dément, pas même Denise Glaser, papesse de « Discorama », et fille d'un Juif russe dont le magasin roubaisien avait été « aryanisé » en 1942 – à noter que Denise Glaser fut au bord du licenciement de l'ORTF pour avoir diffusé « Nuit et Brouillard » de Jean Ferrat, chanson jugée « inopportune » et gauchiste à un moment où il fallait se réconcilier avec l'Allemagne et cacher les turpitudes françaises.

C'est dans « Cinq colonnes à la une », devant un Pierre Desgraupes qui ne le lâche pas, que Johnny avouera fin 1961 que « Hallyday » vient du pseudonyme de son mentor, danseur américain et époux de sa cousine Desta, rencontré lors d'un séjour en Angleterre. Et pourtant, la vérité de son départ prématuré pour Londres ne sera jamais révélée, avant une confession de Johnny à Bruno Bayon, de *Libération* : « La sœur de mon père était mariée à un prince abyssin – ce que je n'ai appris que plus tard –, ils ne m'envoyaient pas à l'école par peur des représailles, parce que le prince avait été collabo, et ça se savait un peu dans le quartier en bas de la rue Blanche. Quand j'ai eu l'âge de comprendre, ça m'a choqué... Mes copains étant juifs, j'étais très mal à l'aise. C'est pour ça qu'à l'époque, je me suis inventé un père américain. Pour fuir tout ça. Mon service militaire en Allemagne, dans l'infanterie de marine, m'a fait du bien. »

L'enterrement de Johnny Hallyday en décembre 2017, en présence du chef de l'État Emmanuel Macron, avec décorum absolu, cercueil blanc descendant les Champs-Élysées au milieu d'une foule en pleurs, montre que cette histoire française mérite d'être racontée.

Né en 1943, fils d'un acteur belge et volage, Léon Smet, le jeune Jean-Philippe passe les premières années de sa vie avec sa mère Huguette chez sa tante paternelle, Hélène Mar. Ex-actrice et cantatrice, elle élève ses deux filles, Desta et Menen, nées de son mariage à Bruxelles avec un homme au profil peu commun, Jacob Adol Mar. Fils d'un missionnaire allemand et d'une fille de chef de village éthiopien. Fonctionnaire en poste à Bruxelles, Jacob Mar fait des affaires, que l'annexion de l'Éthiopie par l'Italie mussolinienne en 1936 complique. La famille s'exile à Paris. Lettré, polyglotte, Jacob Mar est interné en 1939 au camp des Milles, près d'Aix-en-Provence, un camp de prisonniers créé au moment de la déclaration de guerre pour y enfermer des Allemands, et leurs éventuels alliés. Libéré, Jacob Mar cherche la protection de l'ambassadeur d'Allemagne en France, Otto Abetz, vif propagandiste de l'idéologie nazie auprès des intellectuels français.

Otto Abetz permet à Jacob Mar de trouver du travail à Radio-Paris, une station lancée en juillet 1940 par les services de propagande nazie, la *Propaganda Abteilung.* Il va y animer « Le Quart d'heure colonial ». Radio-Paris doit convaincre les Français de collaborer avec les Allemands. Mais l'outil est finement pensé : il doit offrir du contenu, des programmes culturels afin de ne pas rendre l'auditeur réfractaire au bourrage de crâne.

De très nombreux comédiens, musiciens, artistes, chanteurs vont défiler à Radio-Paris, qui n'a aucun mal à recruter des animateurs ou des journalistes, grâce notamment aux émoluments généreux. L'aveuglement face aux propos racistes, haineux, faisant le reste.

À la Libération, c'est l'épuration. Un après-midi de 1946, Jean-Philippe et sa mère rentrent du square de la Trinité. Des voitures de police sont stationnées devant l'appartement familial. Jacob Mar, l'homme aux yeux bleus comme ceux de Lawrence d'Arabie, est arrêté, condamné à cinq ans de prison pour collaboration et pour avoir « favorisé des entreprises de toute nature avec l'ennemi ». Il est interné au camp de Drancy – Sacha Guitry aussi. Quelle honte ! Quel opprobre ! Hélène Mar, la femme du condamné, en profite pour filer opportunément à Londres, où elle a trouvé un engagement de cinq ans à l'International Ballet of London pour ses deux filles. Jean-Philippe a trois ans, il est de nationalité belge, ses cousines de nationalité éthiopienne, et les voilà partis outre-Manche, avec la bénédiction d'Huguette, sa mère, chargée en contrepartie de soigner l'appartement et de veiller au bien-être du prisonnier à qui elle apporte des paquets chaque semaine.

Le roman artistique de Johnny Hallyday fera l'impasse sur cet épisode. Pour lui, la vie va commencer lors de sa rencontre avec Lee Lemoine Ketchman, acteur américain itinérant. Désormais, loin de la France collabo et de la Belgique, loin de sa mère, la liberté aura pour nom Amérique, James Dean, le boogie-woogie, les déhanchements de Presley. Mais la révolution yé-yé souffle l'oubli.

Dans les années 1960, Serge Gainsbourg, lui, sent le vent tourner. Il rejoint les rangs des yé-yé, écrit des chansons qui rapportent pour les jeunes pousses, France Gall par exemple. Dans les années 1960 et 1970, les variétés à la télévision française sont régentées par Maritie et Gilbert Carpentier. Le couple produit et présente des shows très mis en scène, embauche le réalisateur Jean-Christophe Averty et des plasticiens tels que Vasarely. Anne Sylvestre n'y trouve pas son compte et la réciproque est vraie. Le divorce implicite est entériné. D'autant que, si les femmes sont habilement déshabillées, si Jane et Serge y jouent une comédie glamour, la morale n'en demeure pas moins pesante. Anne Sylvestre me raconte une anecdote, qui date de 1977, quand Maritie et Gilbert Carpentier avaient consacré un « Numéro Un » à Georges Brassens.

« Brassens m'avait choisie comme invitée. Et moi, je voulais chanter "Les gens qui doutent". Maritie trouvait qu'il y avait des gros mots, par exemple un "con". Un comble, quand on avait Brassens en face, mais moi, disait-elle, j'étais une femme, ça ne se faisait pas. Pierre Nicolas, le contrebassiste, a piqué une grosse colère. » À écouter Anne, même si elle avait voulu se livrer aux exercices médiatiques, sa gaucherie naturelle l'en aurait empêchée. « Denise Glaser était bien. On a fait un entretien formidable. Puis le SFA, le Syndicat des artistes, a décrété la grève. Alors moi qui suis disciplinée, j'ai écrit à Denise Glaser pour lui dire de ne pas diffuser l'émission, ce qu'elle fit ! Drucker m'a reçue une fois vingt-cinq ans après mes débuts, je n'ai jamais été inscrite dans la playlist de France Inter. Parfois, je ne fais pas non plus ce qu'il faudrait, contrairement à d'autres. »

Résiliente un jour, résiliente toujours. En 1965, le contrat d'Anne Sylvestre chez Philips n'est pas renouvelé – la maison de disques doit faire un choix dans ses effectifs féminins. Gréco est dans la place, Barbara marque son territoire. Anne migre aux Disques Meys. « Trois chanteuses à porter, c'était trop pour eux. Fin 1975, je n'avais plus rien. J'avais perdu un procès avec Philips et j'avais quitté Gérard Meys [le découvreur et complice de Jean Ferrat]. Il y avait des préjugés anti-Sylvestre, je m'étais mis plein de gens à dos en écrivant « Les Pierres dans mon jardin ». "*Et si je vous en poussais une / Bien paysanne bien folklo / Une qui serait opportune / Sur les arbres et les p'tits oiseaux.*" En clair, je disais : "Je suis là et je vous emmerde." J'étais folk après la vague folk, à contre-courant. » C'est le creux de la vague. Parmi les féministes, il y a des femmes fortunées, mécènes et piliers du MLF, Antoinette Fouque – fondatrice des Éditions des Femmes –, Sylvina Boissonnas – à l'origine de *L'Idiot international*. Amie proche d'Anne Sylvestre, Antoinette Fouque la soutient alors, loge la chanteuse et ses filles. « Et puis est arrivé un Sicilien qui venait de reprendre le Théâtre des Capucines. Il me l'ouvre pour plusieurs semaines ; il insiste. *Le Monde* écrit un article épouvantable, on l'affiche à l'entrée. »

8

Tout est dit dans mes chansons

TOUT EST DIT DANS MES CHANSONS. IL FAUT JUSTE SAVOIR LIRE. C'est un slogan écrit en lettres majuscules dans la carrière d'Anne Sylvestre. Agacée, elle le répète à l'envi. Qu'on lui pose une question, le mantra nous attend au tournant: TOUT EST DIT DANS MES CHANSONS...

Le dire et le redire lui permet de se désénerver. La conversation peut reprendre. « J'ai réussi à escamoter, à occulter. J'avais peur que cela se sache, mon père. J'étais très naïve. Dans le métier, tout le monde savait que j'étais la fille d'un collabo. Et j'ai été mise à l'ombre, à cause de cela sans doute. Ma maison de disques le savait, mais personne ne commentait, jamais. Jamais rien. Tout le monde le savait. Mais à l'époque, tout le monde était résistant, sauf mon père. »

Vous n'aviez pas compris? Aveugles et sourds, vous n'avez pas entendu « Chanson dégagée », publiée en 1968? « *Oui mais moi quand j'avais quinze ans / Quand on me parlait de justice / J'entrevoyais un précipice / Et puis je pleurais tant et tant / Quand on me disait liberté / Je mordais mon poing et ma peine / Alors tu vois c'est pas de veine / Il me semble que j'ai changé.* » Des fans épluchent la chanson, la comprennent de travers, y décèlent un désengagement, un appel à l'apolitisme, un pavé d'égoïsme, tellement incongru chez celle qui a défendu toutes les libertés, toutes les différences ! « *Y'en a qui voudraient que je porte / Une oriflamme ou un couteau / Que je crie et que je m'emporte / Mais faudrait qu'ils se lèvent tôt.* » Le drame niché au cœur de l'enfance d'Anne et ses frères et sœur surgit à chaque coin de chanson. Sans plomber l'ambiance ; c'est la magie Sylvestre, une fois encore.

Anne Sylvestre, décidément, me surprend. Chez elle, rue de la Réunion, elle m'oblige à la relecture. Elle boit du thé, l'air de rien. Le thé invoque la lenteur, le cérémoniel. Le café énerve. Je lui en demande une tasse.

— Soluble ?

— Oui.

J'ai horreur de ça. Mais Anne m'intimide. Dans ma tête, tout s'embrouille. Je voudrais avancer, ça ne va pas assez vite. Finalement, il n'y a qu'Anne Sylvestre pour écrire une « Berceuse pour un ouragan », « *Dors mon vent du nord / Mon petit orage* ». Elle a toujours aimé s'arrêter un peu au bord des chemins, pour souffler, pour reprendre son esprit rieur. L'âge trace son sillon, elle l'a écrit dans « Qu'est-ce que j'oublie » (2003) ; les clés, le gaz, la cafetière, le portefeuille, etc. La chanson est drôle, jusqu'aux dernières strophes où l'on évoque « *un troupeau de pense-bêtes* », « *les escaliers que l'on évite* », « *le cœur qui bat un peu trop vite* ». « Elle écrit des chansons où je peux rire au début et pleurer à la fin », dit un fan, le comédien Vincent Dedienne.

« Je ne suis jamais frontale, poursuit-elle. "Le P'tit Grenier", ce sont des amis juifs qui m'ont éclairée. Claude Grinberg avait raconté cela lors d'un dîner. En rentrant chez moi, j'ai écrit : "*Moi, j'ai le cœur tout barbouillé…*" Et puis, "*Quand vous parlez du p'tit grenier / Quand on avait fermé la trappe / Il fallait on vous l'avait dit / Que pas un cri ne vous échappe / Silencieux comme des souris*". C'était comme une absolution. J'ai ressenti de la honte, et à ce moment-là, je prends cela sur mon dos. Chacun est responsable de soi, mais je ne peux pas gommer cela et dire : "Je ne suis pas concernée." »

Parfois, Anne Sylvestre avoue un trouble, des doubles sens. Et admet qu'on puisse la comprendre de travers. Ainsi, lorsqu'en 1964, elle écrit « La Quarantaine », elle n'a que trente ans. C'est une autre quarantaine qu'elle suggère : sa vie, sa mise à l'écart par ses camarades de classe pour faute paternelle, dont elle n'a toujours pas guéri. « *Depuis que les garces du pays / M'ont mise en quarantaine / J'ai récolté quarante amis / Je ne sens plus mes peines.* » Et puis, en 1974, « La P'tite Hirondelle » : « *J'avais un cœur on me l'a mis en croix / On l'a cloué sur les portes des granges / Et l'hirondelle en chouette se change.* »

« Bon, d'accord, c'est un peu déguisé. Les gens ne comprenaient pas du tout. Et puis, beaucoup plus tard, j'ai écrit "Bye Mélanco" [en 2007]. » Elle récite : « "*Et sans rien qu'on nous dise / Dans une banlieue grise / Où des couloirs puants / Sont ouverts aux enfants / Retenir ses sanglots / Taper sur les barreaux / En écho.*" À part "Le Pont du nord" où je parlais de mes frères, je n'ai jamais raconté ma vie frontalement. Il ne faut jamais photographier, la chanson, ce n'est pas cela. On transpose, une femme devient un homme, ou le contraire, on se cache. On y met tout, comprend qui veut. »

Au départ, Anne travaille à l'aveugle. « Est-ce que je savais à l'époque ce que j'avais envie de dire ? Non. Les chansons vous viennent comme des fruits sur un arbre. Difficilement aussi. Je savais que je n'aimais pas mentir – et je n'aime toujours pas ça – et que j'avais un grand sens de la dignité et de la vie. D'autre part, il est bien évident que, même sans le formuler, je savais que j'étais une femme, que j'aimais ça, et que j'avais envie d'en parler. » D'où « Porteuse d'eau », « Les Cathédrales », « Philomène », et puis « Les Punaises ».

Pour moi, Anne Sylvestre débusque l'injustice et la lumière dans nos quotidiens bousculés : « Rose », un cas d'infanticide ; Gabrielle [Russier] et son jeune amant, un débat national ; « La Maumariée » (la mal-mariée), un suicide villageois ; « V'là l'printemps, gnangnan », un fait de société récurrent (« *Et ça rit, ça cabriole…* ») ; « Les Grandes Balades », l'ordinaire du bobo à résidence secondaire (« *Si vous voulez que je vienne / Admirer votre domaine / Sur vos poutres m'extasier / Et renifler vos rosiers* »). L'air de rien, elle radiographie nos vies.

Parfois, dit-elle, « une cause se saisit d'une chanson ». Dans « Le P'tit Sac à dos », elle imagine une mère cousant un sac à dos fictif sur le dos de son fils afin de cacher sa bosse. Elle ne supporte pas les réductions. Au quotidien, elle observe, se hérisse, elle écrit avec sobriété et dérision. Et partout, cette enfance qui nous « *glisse des mains* ».

Ainsi « Xavier » (en 1981), « une histoire vraie, racontée par une amie, celle d'un petit garçon qui langeait et berçait son ourson, imitant sa maman qui s'occupait du second bébé. Alarme chez les amis : on lui offre une petite voiture, un jouet de garçon... et l'enfant se met à la langer. Mais une chanson ne s'arrête pas comme ça, poursuit Anne Sylvestre. Il fallait une pirouette et je dois pourtant rassurer sur le sort de Xavier. Il a passé sans avanies son permis. Ses sentiments pour son auto sont normaux – tous ne peuvent pas en dire autant, bien souvent. Cette chanson a été revendiquée par la communauté homosexuelle. Je veux bien, mais ce n'est pas vraiment ça. C'est juste une chanson où je dis, où je raconte ce que je veux. »

Il lui arrive aussi de commenter l'actualité, quand elle est en colère. En 1978, elle s'insurge lorsque l'*Amoco Cadiz* se brise sur les rochers, et « *vomit du noir assassin* » sur ces côtes du Finistère qu'elle a tant aimées (« Un bateau pour demain »). En 1981, avec « Coïncidences » – « *Il était dans son lit gisant / Il avait moins de quarante ans / Il travaillait dans une usine / De celles dont on ne dit rien / Où il n'y a jamais de pépins / Jamais de morts ni de malades* » –, elle livre une charge contre l'énergie nucléaire, alors que de violentes manifestations se tiennent en France, notamment devant la centrale de Golfech, en Tarn-et-Garonne. Mais attention, comme toujours, Anne tempère : « *Et moi moi qui vous parle avec mon micro é- / Lectrique / J'ai bonne mine à vous les dérouler mes idées / Paniques / Je n'aime pas beaucoup le froid / Je ne me chauffe pas au bois / Et je ne boude pas l'essence / Mais j'ai au ventre une grand-peur / Qu'on se retrouve un jour sans fleurs / Sans enfants et sans espérance / Qu'on se retrouve un jour sans nous.* » En 2003, elle chante « Berceuse de Bagdad », où une femme est forcée d'accoucher prématurément par césarienne, trois jours avant l'invasion de l'Irak par les États-Unis, pour échapper aux bombes.

En décembre 2019, son ultime chanson, « Avec toi le déluge », brossait le portrait de dantesques inondations. « Jugez-vous cette époque particulièrement violente ? » l'interrogeait Sophie Delassein dans la toute dernière interview de l'artiste, donnée à *L'Obs* en octobre 2020, quelques semaines avant sa mort. « Très violente. Vraiment. Nous vivons avec un fond de peur, en nous demandant sans cesse ce qui va encore nous tomber dessus. Même la nature a des comportements étranges et nous sommes attaqués sur des terrains inconnus, nouveaux. Je suis inquiète. » Y a-t-il plus contemporain qu'Anne Sylvestre ?

TOUT EST DIT DANS MES CHANSONS.

Le père, la mère, la fratrie, le terroir, les grands-parents, la famille bourguignonne qui voit débarquer une bru alsacienne, « une étrangère ». Tout y est : les amours, les injustices, la liberté… Tout est dit. « Je ne sais faire que ça, des chansons. Je sens les choses et je prends autour de moi ce qui flotte, ce qui est là, et j'en fais des histoires », confiait-elle en 2018 au micro de Monique Giroux, de Radio-Canada. L'animatrice se souvient : « Anne Sylvestre ne chantait jamais pour rien. »

Si Anne et sa sœur Marie, l'épouse en secondes noces de l'écrivain américain Harry Mathews, figure centrale de l'Oulipo et qui fut longtemps marié à Niki de Saint Phalle, écrivent, c'est pour survivre. En témoigne cet « Écrire pour ne pas mourir » : « *Dans mes chansons toujours j'ai voulu exister / Que vous sachiez de moi ce que j'en veux bien dire /* […] *Sachez ce qui pour moi est le plus important / Oui le plus important / Écrire pour ne pas mourir / Écrire sagesse ou délire / Écrire pour tenter de dire / Dire* tout *ce qui m'a blessée / Dire tout ce qui m'a sauvée / Écrire et me débarrasser / Écrire pour ne pas sombrer.* » C'est sa façon à elle de se remettre au cœur de son existence, d'être « le centre du motif », où chaque fil est une tendresse. Et dont il nous appartient de faire une dentelle, et non une toile d'araignée qui la rendrait prisonnière.

Anne Sylvestre dit tout, parce qu'elle aime les mots. Les mots lui font plaisir, ils sont son chemin. Ils lui viennent parfois avec facilité, d'autres non. « Si on veut tracer "un catalogue de mes thèmes", comme ils disent, c'est sûr qu'il n'y en a pas beaucoup : la vie, l'amour, la mort, les gens… Parce que la vie, c'est toujours la vie, mais c'est aussi multiple que les gens. J'ai l'impression de faire un patchwork. Chaque chanson est un petit carré que je pose entre deux autres parce qu'il y avait un manque, une chose que je n'avais pas dite. » Alors elle fait parler les pommiers, la Seine, le bateau, le buisson (polisson), la voisine… C'est ainsi qu'elle façonne son « chemin de mots ».

Elle prend le pseudonyme de Sylvestre en hommage à une chanson traditionnelle bretonne « Sylvestrik » ou « Le Petit Sylvestre », découverte en classe de cinquième grâce à une professeure de français. Au XIe siècle, un jeune garçon, Sylvestre, s'enrôle moyennant argent aux côtés des Normands contre les Anglais. Son père, inquiet, envoie un oiseau au-delà des lignes de front :

— Bonjour, petit Sylvestre.

— Bonjour, petit oiseau. Va dire à mon vieux père que je reviens bientôt.

Selon les versions, Sylvestre fait naufrage, meurt au combat, rentre sain et sauf. Jean Beugras, lui, le frère aimé, ne reviendra jamais. À cette référence musicale s'ajoute la définition du dictionnaire. *Sylvestre* : qui a trait à la forêt, les pins, les chênes, la menthe, les animaux, les humidités… Prenez un mot, et il vous racontera la vérité organique.

Si Dieu (ou le diable) devait organiser sa vengeance, il la priverait des mots. En 1998, la chanteuse Pauline Julien met fin à ses jours. Pauline, la complice aimée, l'héroïne de la cause québécoise, était atteinte d'une des pires calamités possibles pour qui aime les mots : l'aphasie dégénérative, une sorte de mur de confusion contre lequel le sens et la parole buttent obstinément. Dix ans auparavant, en 1988, les deux amies ont créé *Gémeaux croisées*, sorte d'explication commune du parcours de « deux voyageuses qui ont vécu le métier de chanteuse tout en menant leur existence de femmes ». Anne s'est alors séparée de son mari contrebassiste Henri Droux, et de sa guitare, délaissée au profit d'un piano, tenu, pour longtemps, par Philippe Davenet.

Une chanson, ça se promène, c'est changeant, c'est trouble, double, triple. Dans le cadre contraint de ce format, les mots se meuvent à leur guise. « Les mêmes mots changent et veulent dire autre chose. C'est merveilleux au fond. Quelquefois, il y a des chansons qui s'écrivent toutes seules, comme si elles étaient dictées ou qu'elles attendaient qu'on les découvre. C'est le cas de "Lazare et Cécile". » De jeunes amants condamnés qui ont choisi le bonheur dans la fuite, plutôt que de se jeter dans la mare ou de se pendre sur la branche d'un hêtre.

« Mes chansons ne sont pas autobiographiques, et quand ça l'est, je fais en sorte qu'on ne le voie pas. » On pense au « Lac Saint-Sébastien », un manifeste pour la protection de notre nature, certes, mais quoi d'autre encore ? « Faire parler ce lac, lui faire dire : "Ces humains sont fous, ils salissent leur eau et ensuite ils veulent qu'on la nettoie", c'est plus juste. Et je me rends compte que c'était un peu prophétique ! À la fin, il dit qu'il va rester sous sa glace pendant l'hiver :

“ Tiens / Se dit le lac Saint-Sébastien / Je vais rêver à ces humains / Ils seront encore là j'espère / Quand mes eaux redeviendront claires.” Eh oui, est-ce qu'il y aura encore des humains si on continue avec nos folies ? »

Mais de qui parle-t-elle vraiment? « *Mais près de moi vit une humaine / Je la vois quand elle se promène / Et si parfois elle parle haut / Elle connaît la langue de l'eau.* » Une écologie du tendre. « C'est une belle chanson, avec des envolées. Ce lac existe, il est au Québec. Une amie québécoise, journaliste et écrivaine engagée non seulement dans le féminisme mais aussi dans la défense de l'eau, avait une petite rubrique dans un magazine écologiste. Elle appelait ça “Les carnets du lac”, et dedans, c'est le lac qui parlait… » L'amie en question, c'est Hélène Pedneault, figure historique des luttes féministes et écologiques au Québec, chroniqueuse « délinquante » du magazine frondeur *La Vie en rose*.

Après son décès en 2008 des suites d'un cancer, on fit graver ces mots sur sa tombe : « Cette enfant avait l'énergie de la Manic et le dos large comme un pays à faire. Elle le porta en criant Eau Secours, en écrivant des livres chauds comme des volcans et tranquilles comme des lacs. » L'énergie de la rivière Manicouagan, un nom indigène – « *là où on enlève l'écorce de bouleau pour réparer les canots d'écorce* » –, lieu de luttes ouvrières menées à la Manic, énorme barrage hydroélectrique sur la côte nord, dès 1959, et chantées par le poète Georges Dor : « *Si tu savais comme on s'ennuie / À la Manic / Tu m'écrirais bien plus souvent / À la Manicouagan.* »

« Mes chansons ne sont pas autobiographiques », sauf quand... Là, elle voulait absolument être comprise, elle s'énerve : « Par exemple, j'ai écrit un jour une chanson qui s'appelait "Le Western" : "*tu te bats Jane / Si tu te bats n'aie pas de peine / Quand tu te bats Jane / Quand tu te bats c'est le western.*" Pour moi, c'était évident et même impudique. Or, personne n'a compris ce dont il s'agissait. C'est l'histoire d'une femme opérée d'un cancer du sein : le soleil bleu, ce sont les rayons, les flèches empoisonnées sont évidemment la chimio... Ce n'était clair que pour quelques personnes qui en passaient par là ou quand on me demandait d'expliquer ma chanson. » Entre-temps, Anne a résisté au cancer du sein.

Les chansons ont leur vie. Elles bougent. Tout dépend de comment on les regarde. Je me souviens de Bijan Chemirani, musicien iranien, tentant de m'expliquer le *râdif* et les *muquams*, ces modules en circonvolutions, qui sont à la base des musiques savantes persanes ou indiennes : vous rentrez dans une pièce, vous regardez patiemment un coin, dans l'ombre ; votre regard monte au plafond, se promène dans le clair-obscur, revient sur le mur d'en face, etc. Cela peut durer, cela donne une sublime musique, poétique, inspirée, étirée dans un temps mystique.

Anne n'était pas pressée, mais elle n'aimait pas particulièrement les musiques du monde, jugées à rallonge, ni le flamenco, ni les ragas, ni, ni... Elle aimait la brièveté. À ses débuts, elle pensait avoir écrit des textes fleuves, abusivement longs selon elle. Pourtant, elle a rarement dérogé à la règle d'or de la chanson : tout dire en trois minutes. Une exception cependant, « Une sorcière comme les autres », sept minutes, en 1975.

Quelles ombres se promènent dans « Une sorcière comme les autres » pour que la chanson soit ainsi distendue ?

Alice, épouse de prisonnier et mère de quatre enfants : « *Quand vous jouiez à la guerre moi je gardais la maison / J'ai usé de mes prières / Les barreaux de vos prisons / Quand vous mouriez sous les bombes / Je vous cherchais en hurlant / Me voilà comme une tombe / Et tout le malheur dedans.* »

Anne, chanteuse et féministe : « *Vous m'avez aimée servante / M'avez voulue ignorante / Forte vous me combattiez / Faible vous me méprisiez / Vous m'avez aimée putain / Et couverte de satin / Vous m'avez faite statue / Et toujours je me suis tue.* »

Anne, amoureuse libre : « *Mais un jour la terre s'ouvre / Et le volcan n'en peut plus / Le sol se rompant découvre / Des richesses inconnues / La mer à son tour divague / De violence inemployée / Me voilà comme une vague / Vous ne serez pas noyés.* »

On pourrait poursuivre, mais on entend Anne d'ici : Stop ! Arrêtez. *No comment*. Circulez. Pourquoi s'acharner à l'analyse de texte ? Une chanson, ça se chante, un poème, on s'en régale. « C'est quand même simple, non ? » Ensuite, si l'on persiste avec nos questions, très vite on l'emmerde. Elle tient le commentaire sur son œuvre pour un pensum, parce que l'exégèse sous-entend qu'elle n'est pas ci, elle n'est pas ça, il faudrait que… D'où la très longue « Berceuse pour moi » (cinq minutes) : « *Je voudrais je voudrais* / […] *Que je puisse aimer ce que j'aime* / *Sans qu'on me trouve démodée* / *Sans qu'on essaie quelquefois même* / *De me faire changer d'idée* / *Et surtout quand on m'interroge* / *Qu'on ne suggère pas mielleux* / *Que les chansons de tonton Georges* / *Ne sont pas ce qu'il y a de mieux.* »

TOUT EST DIT DANS MES CHANSONS.

— Anne, et le rien ?
— Quoi, le rien ? (*Regard de fer, bouche entr'ouverte.*)
— Le néant.
— C'est flou (*soulagée*).

Elle a bien saisi l'enjeu : définir son art profond (elle a horreur de ça, on l'a déjà mentionné). Pour moi, le grand art d'Anne Sylvestre, quoi qu'elle en dise, c'est la concision du flou. « Flou » (1995) est d'ailleurs une des plus belles chansons d'amour qu'elle ait écrites. « *Flou je te vois flou* / *Je vois comme un brouillard partout* / *Autour de tes yeux de tes joues* / *Et ton corps qui est en dessous* / *Je ne le vois plus du tout* / *Flou je te vois flou* » – la description précise de la fin d'un couple. Notons au passage que l'œuvre d'Anne Sylvestre regorge de chansons d'amour, et non pas de sentimentalisme. Il s'agit bien là d'amour physique, d'attirance des corps, d'attachement viscéral. De sources, de fluides, d'arrachement, de loups, de champs, de draps inondés. Essayez de lui tirer un mot sur la question, essayez, mais alors gare à vos carcasses !

Je recule, je me dis : ce sera pour la prochaine fois. Il n'y en eut pas.

Septembre 2021, et voilà qu'on entend partout, sur Internet ou dans « *Popopop* », l'émission d'Antoine de Caunes, pape du rock et de la pop en France, « Les gens qui doutent ». Jean-Louis Murat avait déjà confessé aux *Inrockuptibles* et à *Télérama* qu'Anne Sylvestre était sa chanteuse préférée, livrant en 2019 chez Augustin Trapenard une version folk languide d'« Un mur pour pleurer ». Mais à la mort d'Anne Sylvestre, le statut tubesque des « Gens qui doutent » se confirme. Des fleurs, des louanges, au point que la chanson incarne la nuance nécessaire face à un monde brutal, tranché, où flancher n'est pas autorisé. Mona Chollet, figure phare d'un nouveau féminisme, tweete pour célébrer Anne Sylvestre, une fille lui répond : « Ça me ressemble tellement que c'en est troublant. »

Les gens qui doutent, c'est nous. Quand on est désarçonné, et qu'on en revendique le droit. Anne ne nous aime pas pour autant. À la faiblesse, elle préfère mille fois la vie, jusqu'à la dureté. Elle l'a écrit par exemple dans cette chanson de 1961, « Tiens-toi droit » : « *Tiens-toi droit / Si tu t'arrondis tu auras l'air d'une arche / Tiens-toi droit / Si tu t'arrondis tu auras l'air de quoi /* [...] *Je ne veux pas de pont je veux des rivières / Je veux des torrents où tourbillonner / Je veux cette vie je la veux entière / Même si mon cœur y doit suffoquer.* » La suffocation : voilà bien la question qui nous a occupés depuis mars 2020, et qui a tellement troublé Anne. Qui l'a affaiblie.

Je marche dans la rue. Me prend l'envie de siffler un air parigot. Je porte un masque. Aucun son ne sort de ma bouche. Panique. Lèvres en avant, lèvres en arrière. Rien. Néant. Je suis sidérée par cette perte de capacité à la légèreté. En dix-huit mois de contraintes pandémiques, mon corps aurait-il vieilli au point de ne plus pouvoir siffloter ? Le soir, après un après-midi de trouble, la technique me revient, et je ne pense plus qu'à une chose : aller planter mes pieds dans le sable de la plage de Riva Bella, accueillir les vents libérateurs, et ne plus en bouger, jamais. Qu'on me fiche la paix.

J'aime les gens qui doutent
Les gens qui trop écoutent
Leur cœur se balancer
J'aime les gens qui disent
Et qui se contredisent
Et sans se dénoncer.

À l'automne 2021, le journaliste Jean Birnbaum a publié un essai, *Le Courage de la nuance*, précédé d'une citation d'Albert Camus. Il écrit : « Nous étouffons parmi des gens qui pensent avoir absolument raison. » « Au-delà même de Twitter ou de Facebook, le champ intellectuel et politique se confond avec un champ de bataille où tous les coups sont permis. Partout de féroces prêcheurs préfèrent attiser les haines plutôt qu'éclairer les esprits. » Symptôme désespérant : les affirmations racistes et abaissantes des divagateurs de l'extrême droite, reprises à l'envi partout en France, une turpitude politique qu'Anne aurait honnie. Aurait-elle laissé dire que la France pétainiste avait protégé les Juifs ? Depuis son quartier que les Dupont-Lajoies pourraient assimiler à une expérimentation grandeur nature, au cœur de Paris, du « grand remplacement »...

En matière de fracture, Anne Sylvestre en connaissait un rayon. Le doute unit. Je n'insiste pas. Je sais qu'à chaque concert, toujours à guichets fermés, jusqu'au dernier – à Vannes, le 2 octobre 2020 –, le public lui réclamait « Les gens qui doutent ». Alors ils entonnaient, en chœur et sans hésitation, les paroles : « *J'aime les gens qui doutent / Mais voudraient qu'on leur foute / La paix de temps en temps / Et qu'on ne les malmène / Jamais quand ils promènent / Leurs automnes au printemps.* »

Et quand elle avait un trou de mémoire – ça lui arrivait –, elle reprenait son ouvrage du début – pas question d'un prompteur. Chez Anne, on pouvait douter, mais pas souffler. Au final, tout le monde avait le droit à l'erreur, elle aussi, et, surtout, le dire était une conquête.

9

Le regard de l'homme

Une erreur, une grosse erreur? Vous en connaissez une? Oui, une erreur majeure: une moitié de l'humanité a besoin de se battre pour exister. Nous les femmes. Et ça change trop lentement. Sur un point au moins, Anne Sylvestre n'avait aucun doute: que nous devons arriver à un monde où il n'y ait plus besoin ni de féminisme ni d'avortement, un monde où il serait évident « qu'on est tous des êtres humains », car les hommes auraient pris leur part responsable égalitairement. Mais nous n'en sommes pas là.

« Mais, les filles, vous croyez que vous avez tout? Mais non. Je sais que des choses ont été obtenues. Mais dans les mentalités, en matière de respect envers les femmes, de considération, il manque encore beaucoup. Tant qu'il existera de mauvaises plaisanteries, tant qu'on vendra des assiettes où il est écrit "Bats ta femme tous les jours. Si toi tu ne sais pas pourquoi, elle, elle le sait!", tant qu'on ne cassera pas toutes ces assiettes-là, tant qu'on continuera à dire du mal des femmes au volant – comme je le chante dans “La Reine du créneau” –, il faudra se battre. Quand j'entends : “Oh, vous n'allez pas en remettre quand même, les filles ! Vous avez tout ce que vous voulez maintenant !”, “Allons, on rigole !”... On rigole, tu parles, essaye de faire une plaisanterie dans l'autre sens sur les mecs, aïe ! On rigole ? Eh bien, non, on ne rigole pas [1] ! »

Huit ans plus tard, en discutant avec moi, elle ne reniera pas une virgule de ces propos. Il apparaît clairement que les combats féministes menés dès l'après-guerre n'ont pas déminé les méfaits d'un sexisme parfois massif, mais pire encore, larvé. Que l'égalité homme/femme brandie comme un étendard dans les démocraties occidentales laisse toujours à désirer. C'est parfois lourd à porter.

Des exemples ? En 2017, France 2 licencie l'humoriste Tex pour une blague énoncée sur la chaîne C8 (« Que dit-on à une femme qui a deux yeux au beurre noir ? Rien, on lui a déjà expliqué deux fois ! »), Riss, patron de *Charlie Hebdo,* prend alors sa défense au nom de la liberté d'expression et du second degré. En 2020, l'hebdomadaire d'extrême droite *Valeurs actuelles* juge de bon ton de publier une « politique-fiction », agrémentée de dessins dans lesquels Danièle Obono, députée « racisée » de la France insoumise, porte les chaînes de l'esclavage.

On s'offusque, mais les commentaires vont bon

1. Extrait d'une très longue interview qu'Anne Sylvestre a donnée à la revue *Travail et sociétés* (CNRS) en 2011.

train sur les réseaux sociaux : « Elle râle pourquoi ? Les dessins, franchement, la mettent à son avantage », ils l'embellissent. Elle porte plainte. Philippe Val, ancien patron de *Charlie Hebdo* et de France Inter, témoigne en faveur de *Valeurs actuelles,* au nom de la liberté d'expression. En septembre 2021, *Valeurs actuelles* sera justement condamné pour injures racistes. Il aurait pu l'être pour injures sexistes. Aurait-il procédé de cette façon avec un homme ?

En matière de beauté afro, Anne Sylvestre a écrit « Les Dames de mon quartier » : « *Les dames de mon quartier / Quartier de pamplemousse / Elles ont la peau si douce / Qu'on dirait de la soie / Et leur décolleté / Que l'épaule repousse / Parfois nous éclabousse / Quand elles se déploient.* »

En y pensant, je regarde Paris depuis l'escalator du Centre Pompidou. Anne savait. Elle avait appris et décrit par le menu la valeur destructrice des piques quotidiennes qui encombrent la vie d'une femme, surtout non protégée par l'écran d'un époux. Son féminisme distillé à bas bruit, sans slogans, était en réalité radical, portant un regard au scalpel sur toutes les nuances de grisaille.

Me revient en tête une réflexion d'un chef de service à mon égard : c'est l'Épiphanie, il y a des galettes, des fèves, du champagne au bureau. Moi, à l'adresse de mes étudiants journalistes présents ce jour-là : « J'adore tirer les rois ! », lui, à la cantonade : « Ah bon ? Je croyais que tu préférais tirer les reines. » On me dit qu'avec le passage au rouleau compresseur des licenciements de journalistes pour harcèlement, après le démantèlement de la Ligue du Lol impliquant des écrivains maison et la vague de fond #MeToo, ce quinquagénaire décomplexé a progressé, et n'ose plus sa vanne favorite : « Elle baise encore, Joan ? »

Quatrième vague, été 2021, Covid-19. À son dernier jour, car l'appétit m'avait manqué, je viens visiter *Elles ont fait l'abstraction*, une exposition dite féministe, où Sonia Delaunay récupère son nom de jeune fille, Terk, tandis que Sophie Taeuber place celui de son mari, Arp, en second. Je me dis immédiatement : « On s'est fait avoir. » Nous avons été grugées, je le sais depuis longtemps, mais tout me revient subitement, en boucle, comme une antienne.

Les œuvres présentées dans *Elles ont fait l'abstraction* sont signées Hedda Sterne, Joan Mitchell, Lygia Clark, Vieira da Silva, Louise Nevelson, Eva Hesse... Elles sont d'excellente qualité, mais n'ont jamais, ou peu, été reconnues. Le petit guide imprimé résume : « L'exposition valorise le travail de nombre d'entre elles souffrant d'un manque de visibilité et de reconnaissance au-delà des frontières de leur pays. » Parce que les femmes douées « injustement éclipsées de l'histoire de l'art » ont trop souvent été validées par une préposition : muses *de*, épouses *de*, interprètes *de*... Parce que ni les institutions, ni les médias, ni les experts, ni les marchands n'ont, jusqu'à aujourd'hui, jugé nécessaire de les mettre en lumière.

Il y a, écrit Philippe Dagen dans *Le Monde*, une

« évidence : être une artiste de sexe féminin, c'est, tout au long du XXᵉ siècle, affronter la condescendance – sinon pire – des artistes de sexe masculin ». Ainsi, en janvier 1951, la photographe Nina Leen a réuni pour le magazine *Life* « le groupe alors dit des "Irascibles" : ceux que l'on appelle aujourd'hui les expressionnistes abstraits new-yorkais. Ils sont quatorze en costume cravate, de Mark Rothko à Willem de Kooning ou Jackson Pollock. Ils ont l'air de mauvaise humeur. Parce que leur but est de protester contre le peu d'intérêt que leur manifeste alors le Metropolitan Museum ? Sans doute. Et pour une autre raison. Tout au fond, mais bien visible car montée sur une chaise, il y a une femme, Hedda Sterne, dont la peinture n'est pas moins expérimentale que la leur. Une sur quinze donc. Mais cela posait un problème à ces messieurs ». Hedda Sterne racontera plus tard : « Ils étaient tous exaspérés que je sois sur la photo, car tous étaient assez machos et craignaient que la présence d'une femme empêche que cette photo soit prise au sérieux... » N'ont été conviées ni Lee Krasner, ni Elaine de Kooning, ni Helen Frankenthaler, bien qu'elles ne soient plus des inconnues à cette date.

Cette salutaire révision de l'histoire de l'art n'empêche pas le quotidien du soir de titrer : « Au Centre Pompidou, les femmes ont un fort pouvoir d'abstraction ». Chassez l'inconscient, il revient au galop.

Ah ! L'irrésistible attraction féminine ! La femme, objet de désir, forcément séductrice, retient l'attention à condition de se conformer aux canons masculins. Ce comportement, les néoféministes l'ont dénommé le « male gaze », reprenant un terme utilisé la première fois en 1975 par la réalisatrice et critique britannique Laura Mulvey. Dans un essai, *Plaisir visuel et cinéma narratif,* la militante féministe londonienne passe au peigne fin les clichés véhiculés par le cinéma hollywoodien, imprégné d'un phallocentrisme tout freudien.

Quatre décennies plus tard, les jeunes féministes françaises se réapproprient le concept et l'élargissent « à toutes ces meufs au physique validé par le patriarcat », face aux autres, transparentes ou méprisées quand elles ne correspondent pas à la vision des hommes – sexuelle, professionnelle, artistique.

Dans *Une farouche liberté* [1], le livre d'entretiens donnés à la journaliste Annick Cojean par Gisèle Halimi quelques mois avant sa mort en juillet 2020, l'avocate cite Balzac : « La femme est une esclave qu'il faut savoir mettre sur un trône. » Et commente : « On ne saurait mieux définir le piège tendu aux femmes. Le trône est une prison, elles le découvrent très vite, mais s'y résignent, cherchant désespérément à trouver quelque avantage pour éviter la blessure, sauver l'honneur, sauver leur peau, quitte à entretenir et reproduire le système. Complices, donc. Et c'est terrible. Le sort des femmes n'échappe pas à la règle qui perpétue les grandes oppressions de l'histoire : sans le consentement de l'opprimé – individu, peuple, ou

1. Grasset, 2020.

moitié de l'humanité –, ces oppressions ne pourraient durer. Il faut donc casser ce système. Déciller les yeux… »

Je me dis encore une fois : « On s'est bien fait avoir. » Justifier, rendre des comptes, faire la petite main, se teindre en blonde, maigrir des cuisses, grossir des fesses ou des seins, s'accommoder de la soumission, être plus petite en taille, menue, gentille, montrer de l'admiration, la fermer. Devoir attendre la validation de sachants – sans « e »…

Quand la pionnière Laura Mulvey publie son essai, en 1975, Anne Sylvestre écrit « Une sorcière comme les autres » : « *Regardez-moi je suis vraie / Je vous prie ne m'inventez pas / Vous l'avez tant fait déjà / Vous m'avez aimée servante / M'avez voulue ignorante / Forte vous me combattiez / Faible vous me méprisiez / Vous m'avez aimée putain / Et couverte de satin / Vous m'avez faite statue / Et toujours je me suis tue.* »

« *Ne m'inventez pas* », « *Ne m'inventez pas* », « *Ne m'inventez pas* » : c'est bien ce que répète Anne Sylvestre, depuis ses débuts au cabaret en 1957. D'autant qu'elle-même refuse d'incurver son image pour satisfaire les diktats sociaux. Donc, physiquement, dès le départ, comme on l'a vu, ça ne colle pas : pulls larges, pantalons évasés, robes à col rond, cheveux à frange. Ni bas résille ni tenues moulantes ; encore moins de velours ou de fanfreluches.

Il lui faudra beaucoup d'entêtement pour survivre à ce flot de robes moulantes, puis de minijupes !

L'aînée des femmes de chez Philips, Gréco, féministe instinctive, chante la liberté des corps et des styles. Rebelle des caves de Saint-Germain, c'est une frondeuse au volant de sa Mini Moke sur les plages de Ramatuelle. Pourtant, deux hommes, Jacques Prévert et Joseph Kosma, sculptent son art, avec « Je suis comme je suis », une chanson manifeste, ainsi formulée, en 1951 : « *Je suis faite pour plaire / Et n'y puis rien changer / Mes lèvres sont trop rouges / Mes dents trop bien rangées / Mon teint beaucoup trop clair / Mes cheveux trop foncés / Et puis après ? / Qu'est-ce que ça peut vous faire ? / Je suis comme je suis / Je plais à qui je plais.* » Bien. Soudain, un léger glissement sémantique à la dernière strophe : « *Pourquoi me questionner ? / Je suis là pour vous plaire / Et n'y puis rien changer.* » Toujours en tandem avec Kosma, Raymond Queneau sonne le glas des charmes féminins, avec « Si tu t'imagines », annonciateur de « *la pesante graisse / Le menton triplé, le muscle avachi* », de la femme vieillissante (vers la trentaine).

Mais Gréco, sublime interprète, s'approprie leurs textes de façon magistrale, singulière, inaliénable. Et quand ils écrivent *vous* en pensant à eux, Gréco s'adresse à *nous*, femmes incluses.

Gréco est entière. Bien sûr, socialement, elle fut d'abord validée par sa fréquentation d'hommes grands, reconnus – s'ils l'aiment, eux, les génies, c'est qu'elle en vaut la peine. Il y a ses frères d'armes, Boris Vian, Jean-Paul Sartre, Miles Davis, les poètes, et les autres. Danseuse, fille de résistante, comédienne, elle s'impose. « J'avais dix-neuf ans, j'étais gonflée comme un poisson-lune, quoique sûre de mon bon droit », me racontait en août 2005 Juliette Gréco. Et plus loin: « J'étais une pauvre bête sauvage bourrée d'incertitudes. J'ai perdu parfois l'admiration profonde que j'avais pour des êtres estampillés intello-philosophes géniaux qui se conduisaient comme des gamins, jetaient des cailloux sur ma fenêtre et dormaient sur mon paillasson. » Sous prétexte de la séduction, ils sont parfois lourds, me disait-elle en citant des noms.

Mariée à vingt-six ans, mère à vingt-sept, divorcée à vingt-neuf, Juliette Gréco s'écarte ensuite du modèle antisocial, tout en restant sulfureuse, puisque libre. Et se forge une légende sentimentale en collectionnant les maris, les amants, les aventures, les compagnonnages. Sans jamais livrer le moindre pan de son intimité – on ne la verra par exemple jamais dénudée, même pas en maillot de bain. Elle parle cash. Les Fêtes blanches d'Eddie Barclay à Ramatuelle ? Très peu pour elle. « J'y ai été invitée. Mais si on ne peut pas pincer les fesses de la femme du président de la République, ce n'est pas drôle. Dans ce genre de fêtes, les gens mangent, boivent, montrent. Ils montrent leur peau, ce que je déteste, je suis toujours habillée comme une nonne. »

Sur le fil du rasoir, Juliette Gréco fait ce qu'elle veut de son corps. Dans la liste de ses conquêtes et passions, celle dont la mère, résistante et engagée, négligea ses filles au profit de sa compagne, l'écrivaine Antoinette Soulas, omet cependant ses amours féminines, si fondamentales dans sa construction: Anne-Marie Cazalis, l'amie, « la sœur jumelle, blonde et rieuse », rencontrée au Bal Nègre de la rue Blomet par l'intermédiaire du philosophe Maurice Merleau-Ponty, ou encore Françoise Sagan, la romancière indisciplinée.

En 2005 encore, quelques mois après la mort de Sagan, Gréco s'insurge : non, les conquêtes féministes n'ont pas placé les femmes à l'égal de l'homme : « Une femme n'a pas non plus la liberté sexuelle, faux, faux, faux. Combien je connais de femmes homosexuelles qui vivent avec une autre femme et qui au travail le taisent, font semblant. Ça regarde qui ? Le bonheur des gens, l'intimité est la chose la plus belle du monde. À ce titre, Françoise Sagan, qui a été si respectueuse de sa liberté et de celle des autres, est exemplaire. Elle a demandé à être enterrée à Cajarc (Lot), dans le pays où elle est née, qu'elle aimait, avec une femme qu'elle a aimée et qui l'a aimée jusqu'au bout. »

Dans les magazines des années 1960, Anne Sylvestre apparaît très vite en mère de famille. Deux enfants, deux maris, des musiciens, élégamment floutés dans sa biographie officielle. Et puis, rien, une vie de nonne. Et quand on cherche à la qualifier, eh bien, on ne trouve pas mieux que « Brassens au féminin », bientôt détourné en « Brassens en jupon ». Parce qu'elle écrit bien – c'est acté –, qu'elle s'accompagne à la guitare, qu'elle a la dent dure face à la stupidité humaine. Évidemment, l'appellation la hérisse. Mais ça ne s'arrête pas : en janvier 1963, la revue *Arts* titre « Ni Gréco, ni Piaf, ni Dalida, un Béranger en jupon » à son propos, « en jupon, toujours, quand même, ne pas oublier le jupon, c'est l'intelligence française », me disait-elle…

En 1964, Barbara arrive chez Philips après un gros succès, « Dis, quand reviendras-tu ? », paru chez Odéon. Barbara, la « dream queen », la Dame en noir, dont Brel disait : « Elle a un grain, mais un beau grain », se dessine des yeux de biche, joue du rouge aux lèvres. D'abord interprète, Barbara compose désormais ses chansons. Elle écrit des textes amoureux (pour des gens, pour des hommes, pour son public, pour la musique…), des bulles étonnamment limpides où l'humanité se reflète et se reconnaît. Trois ans plus tard, Anne Sylvestre quitte la maison, avec un procès à la clé. « Il n'en fallait qu'une, ils ont choisi », me dit la dame aux cheveux roux, blessée à vie.

Pour les hommes à la tête de la maison Philips, l'investissement dans la carrière d'une femme, une seule, pas plus, suffit à la bonne marche des affaires. « S'il y en avait deux, me disait Anne Sylvestre, elles devaient se crêper le chignon, c'était normal ! Les filles, les femmes dans ce métier-là, on nous opposait les unes aux autres ; on nous dressait les unes contre les autres. »

Et parce que, au moment où le corps s'affranchit des barrières, à l'adolescence, Anne avait vécu autrement, elle résiste, têtue, timide, déterminée. « Liberté, tu parles, j'allais voir mon père en prison. De cette façon détournée, je disais que quand on en a pris plein la gueule, on cherche à ne pas recommencer. » Et plus loin : « En 1973, alors que je chantais depuis quinze ans, que j'avais eu bien des ennuis avec des maisons de disques et que j'étais devenue productrice indépendante, j'ai écrit la chanson " Me v'là ". " *Pour avoir mon âme et ma peau / Fallait messieurs-dames / Se lever tôt / Oui j'ai la peau dure / Je vais mon allure / Parfois je me hâte, mais jamais à quatre pattes / Me v'là me v'là me v'là.* " Cela voulait dire : il va falloir compter avec moi ! Sur scène, j'en avais même durci les paroles : " Ils voulaient mon âme et ma peau, ils n'ont pas eu ma flamme les salauds "... »

Dans ces actes de résistance, il y a un point constant, inflexible : le respect dû aux femmes, à leur identité. Ici, comme ailleurs, Anne Sylvestre pratique l'art du détournement. Contournant l'explicite, très vite, elle écrit des chansons de femme d'où le regard masculin dominant est exclu, « Éléonore », « La Fille du vent », « Porteuse d'eau », des chansons où les femmes portent le monde. Ce n'est pas aussi sexy qu'une « Javanaise », mais c'est un précis d'oppression.

« J'ai beaucoup parlé de la situation des femmes parce que je connaissais bien le sujet. Et il y avait une sorte de désert puisque les paroliers étaient quasiment tous des hommes. J'ai eu l'instinct de combler le manque. Et puis cela me rendait furieuse de voir des vieux birbes parler par exemple du ventre des femmes ! Les chanteuses chantaient ce que les hommes avaient envie d'entendre : la putain au grand cœur, la fille qui sentait bon la fleur nouvelle et qu'on retrouvait avec un couteau dans le cœur... Personne ne s'avisait de ça ! Les histoires de Brassens sont souvent très jolies, mais il y a presque toujours un gars et une petite, une "jolie fleur dans une peau de vache". À l'époque, c'était tellement normal. Brassens a écrit "Saturne". Tant mieux. Je ne suis pas revancharde, mais à un certain moment, simplement, on s'est aperçu que les femmes et les filles n'avaient pas de chanson à laquelle s'identifier. Il y avait un manque. Et donc j'en ai écrit. »

Au début des années 1960, la femme « auteure-compositrice-interprète » (ACI) est une denrée très rare. Anne Sylvestre dira plus tard ce qu'elle doit à Francine Cockenpot (1918-2001), scoute totémisée « Corbeau unique », plus de huit cents mélodies au compteur, dont en 1943 celle de « Colchiques dans les prés », paroles de Jacqueline Claude. Un tube, mais que beaucoup créditeront, à tort, de la mention « air traditionnel » !

À la fin de l'enfance, Anne Sylvestre s'était échappée des tourments familiaux par le scoutisme. Les chansons de Francine Cockenpot rythment alors les veillées, les marches, la vie des Auberges de jeunesse et des louveteaux et des jeannettes. Sous des allures désuètes (« *Au bois voisin, il y a des violettes, de l'aubépine et de l'églantier / J'ai lié ma botte avec un brin de paille / J'ai lié ma botte avec un brin d'osier / J'y vais le soir pour y faire la cueillette / En gros sabots et en tablier* »), ces chansons efficaces vont perdurer des générations durant. Infirmière pendant la Seconde Guerre mondiale, Francine Cockenpot part au Maroc pour y former des institutrices et des assistantes sociales, le tout sans cesser de composer des chansons pour les enfants, telles que « Si tu veux être propre », toujours en vigueur dans les maternelles. En 2001, elle s'éteint dans une totale indifférence médiatique.

Alors qu'elle commence à gratter la guitare et à écrire des poèmes, Anne Sylvestre découvre Nicole Louvier (1933-2003), première du genre dans un monde masculin. Nicole Louvier publie un disque en 1953. Dans une préface élogieuse, Maurice Chevalier lui attribue un surnom : « La petite Radiguet de la chanson », talent précoce et romantique. Y figure « Qui me délivrera de toi ? » (« *Qui me délivrera / De ton corps, de tes doigts, de ta bouche / Qui me délivrera ? / Qui me délivrera enfin de toi ?* »), chanson reprise par Lucienne Delyle, puis, en 1955, par Marlene Dietrich.

« La petite Radiguet », née d'une famille juive polonaise, fut cachée chez des paysans bretons pendant la guerre avant de chanter en s'accompagnant à la guitare – nouveauté. Elle publie en 1953, aux Éditions de la Table ronde, un premier roman, *Qui qu'en grogne*, évocation d'amours saphiques. Scandale. Auteure d'un recueil de poèmes érotiques, *Chansons interdites*, elle aggrave son cas en publiant *Les Marchands*, un roman dans lequel elle met en scène une jeune chanteuse, exploitée par les producteurs du show-business. Devenue femme de radio (France Inter, RTL), elle finit par rejoindre un kibboutz en Israël.

En écoutant Nicole Louvier, Anne Sylvestre a la certitude qu'elle peut écrire. « Pendant des siècles, les femmes ont chanté ce que les hommes écrivaient, et qu'ils voulaient entendre. Et Nicole Louvier, pour moi, ça a été une découverte : tiens ! il y avait une fille qui faisait des chansons, elle passait à la radio et on l'écoutait, on en tenait compte. » C'est ainsi qu'Anne Sylvestre va se convaincre de rejoindre l'aristocratie des ACI, équipe féminine.

« On s'est fait avoir », petite musique réactivée dans ma tête par les statistiques que j'ai commentées dans une récente enquête journalistique : en 2020, la Sacem ne comptait que 20 % de femmes compositrices ; je n'ai trouvé que trois femmes, trois, dans un corpus de deux cents arrangeurs rencontrés pour un livre de deux mille cent soixante pages consacré au métier depuis les années 1950 – et ce malgré la bonne volonté évidente de son auteur, Serge Elhaïk, longtemps médecin accoucheur dans la vie civile : « Sans doute, parce que l'arrangeur, c'était un peu le patron, il avait autorité sur les musiciens, imposait ses choix aux artistes et aux maisons de disques. Pour une femme, c'était forcément compliqué. »

« Les femmes n'écrivent pas, elles chantent. C'est un métier de femme. Très rares sont les hommes qui ne sont pas sur une scène et qui ne sont pas dévirilisés, très rares… Il faut vraiment que ce soit très remarquable. D'une femme on peut davantage accepter, une femme charmante, jolie, qui a un charme et du talent… Encore bien que ce métier de femme, il faut le faire comme un homme, avec rigueur, discipline. Il faut décider, par exemple, voyager, ce n'est pas tellement pour une femme, c'est un métier de femme qu'il faut faire comme un homme. » Qui parle ? C'est Barbara, avec son débit précipité, son souffle court, sa sincérité. « Les femmes ne sont pas des créatrices, enfin pas moi en tout cas », affirme-t-elle au micro de France Culture en 1970. L'animateur Émile Noël conteste : « Vous avez bénéficié du fait qu'il y ait assez peu de femmes auteures-compositeurs, et c'est la preuve d'une certaine personnalité. » Elle rétorque : « C'est vrai, mais pas tellement, il y a eu des femmes… Anne Sylvestre, qui a écrit vraiment des chansons merveilleuses, c'est vraiment de la poésie, c'est vraiment écrit, c'est fantastique. Il y a eu, elle ne chantait pas, Mme Monnot… », la compositrice d'Édith Piaf. Mais pas elle.

Dans les cabarets, c'était différent, liberté, égalité, fraternité, sororité. Pas de croc-en-jambe. Les hommes, disait-elle encore, étaient des êtres singuliers : Boby Lapointe, Ricet Barrier, Georges Brassens, qui n'entravaient en rien le chemin de leurs consœurs, si escarpé, si pentu fût-il. Il y avait Hélène Martin, comparse de La Colombe, qui mit en musique des poètes, Aragon, René Char, Pablo Neruda, Paul Fort, Jules Supervielle et surtout Jean Genet. Elle s'était emparée, avec l'autorisation de l'auteur, du *Condamné à mort* de Jean Genet. Elle se plonge ainsi dans un texte d'homme, dans un univers d'hommes aimant les hommes, mais par la mélodie imparable et sa manière droite et inspirée de chanter, elle rend à Jean Genet une infinie féminité. « Plus tard, des revues gay ont écrit que Genet n'avait pas pu autoriser une femme à toucher à son œuvre », avait remarqué Hélène Martin.

L'une de ses chansons, « Sur mon cou », sera réinterprétée en 2001 par Étienne Daho. On dira : « C'est du Daho. » En 2010, le chanteur pop s'allie à Jeanne Moreau pour chanter « Le Condamné à mort » en entier. Il aura beau répéter « sur une musique d'Hélène Martin », la dame à la guitare et aux cheveux courts passe à l'as. Féministe, lesbienne, patronne d'elle-même, Hélène Martin avait créé sa maison de disques, Les Disques du Cavalier, pour que sa propre voix ne s'éteigne pas. Et pour redire qu'elle avait composé cette musique si intime, elle montait parfois à Paris depuis le Sud où elle habitait, parce qu'une femme amoureuse lui avait offert un champ de lavande.

10

Combattante de fond

Les femmes sont des combattantes de l'ombre, dit Anne Sylvestre. C'est un fait, une vérité incontestable, tout particulièrement dans l'histoire des Beugras. Le nier serait se montrer aussi injuste et cruel que leur propre père, laissant derrière lui un chaos destructeur ! Elle l'a toujours aimé, elle est d'ailleurs enterrée à ses côtés dans le caveau familial de Saint-Eusèbe en Saône-et-Loire. Pendant les dix ans qu'il passe derrière les barreaux à rédiger ses carnets de guerre, Albert Beugras s'est appuyé sur son épouse Alice – travail, ménage, enfants, colis, école, santé, cuisine, religion, etc. –, pour assurer la bonne éducation des enfants. À sa libération, il reprend son rôle : chef de famille. Insupportables, les ordres donnés ; insupportable, l'effacement programmé par le patriarche de cette « porteuse d'eau », Alice, trop fatiguée pour poursuivre l'aventure, et bientôt enfermée dans la paralysie. « *La terre colle à mes sabots / Ne saurais m'en défaire / Le ciel me pèse sur le dos / J'ai pleuré les rivières / J'ai sangloté tant de ruisseaux / Mes doigts sont rivés à mon seau / Porteuse d'eau / Pour ma vie tout entière.* » C'est ici qu'Anne Sylvestre situait la source de son féminisme.

« Mon histoire personnelle faisait que je ne me sentais aucun droit de m'engager politiquement. Encore aujourd'hui, je ressens un malaise lorsqu'on me demande de signer une pétition. J'avais compris, enfant, que la politique signifiait brûlure et je faisais un blocage. J'étais donc isolée, écrivant des chansons engagées et féministes comme Monsieur Jourdain écrivait de la prose. Sans le savoir. Mais s'il est une étiquette que je ne renierai jamais, c'est pourtant bien celle-là, même si elle m'a nui dans les médias, où le fait d'être taxée de "féministe de service", c'est-à-dire d'emmerdeuse, vous barrait les antennes. »

Le plus beau, chez Anne Sylvestre, c'est qu'elle ne morcelle jamais les femmes. Elles sont un tout, corps irrigués et désirants. « Dans "Une sorcière comme les autres", me disait-elle, j'évoquais le fait que j'étais une femme, je portais tout ce que les femmes portent depuis toujours, y compris d'être des femmes de soldats, d'être des mères d'enfants qu'elles perdent, d'être celles qui allaient les voir en prison pour une cause ou une autre. »

Prenons la chanson « Partage des eaux », superbe, publiée en 2000. Anne a soixante-six ans. L'âge d'aimer, après celui d'enfanter. Chapitre 1, le ventre maternel : « *Où est le haut ma mère l'eau / Où est le bas dans ton silence / Dans la douceur de ton enclos / Je suis un presque-rien qui danse / Et tu me tiens au plus serré / Ton anneau d'or est bien fermé / Mon océan particulier / Ma chère / Geôlière.* » Chapitre 2, les amours charnelles: « *Larmes salées baisers mouillés / La vie est là comme une houle / Tout effrayée de s'y noyer / Langes trempés lait qui s'écoule / Sitôt salie sitôt lavée / Quand j'ai crié mon impatience / Et tout aussi vite abreuvée / Aux sources de ton abondance / Tu alimentes mes désirs / Mais sans jamais t'en dessaisir / Prodigue de tous les plaisirs / Fontaine / Certaine /* [...] *Le tendre partage des eaux / Qui se décline amoroso / Où viennent pointer leur museau / Les louves.* »

Certains y ont vu l'évocation cryptée d'amours saphiques, adoubées par sa grande complicité artistique avec la chanteuse québécoise Pauline Julien et la metteuse en scène Viviane Théophilidès. Parfois, Anne Sylvestre me perd. Dans leur livre *Les Dessous lesbiens de la chanson,* Léa Lootgieter et Pauline Paris traquent les contenus implicites et découvrent ainsi des tonalités érotiques à « Mousse », écrite en 1968, ou « Ruisseau bleu », composée en 1994 (« *Alors on serait les plumes / De deux oreillers jumeaux / On serait des clairs de lune / Racontés par des oiseaux* »). Olivier Hussenet, codirecteur du Hall de la chanson à Paris, ami et interprète d'Anne Sylvestre, me glisse: « Parfois, la voix d'Anne Sylvestre agaçait. Sans doute parce qu'en réalité, avec ses cassures, ses graves, elle est très sexuelle. Ça dérangeait. »

Fidèle à ses engagements et ses convictions, Anne Sylvestre a écrit, très tôt, une chanson en faveur du mariage homosexuel, « Gay marions-nous ». Cinq ans plus tard, indignée, disait-elle, elle a vu défiler « des gens haineux, qui emmenaient leurs enfants en première ligne », à savoir le collectif Manif pour tous, opposant au mariage et à l'adoption par les couples de même sexe, à la PMA en l'absence de père, et à toute forme de GPA. Des intégristes qui brûlaient des bougies anti-sataniques dans les rues de Paris… Et sa part à elle dans tout cela ? « J'ai écrit "Gay marions-nous" en 2007, c'est ma contribution au sujet. Vous ne l'avez pas entendue ? Tant pis ! »

Et puis, il y a « Frangines », en 1977. « *Si on se retrouvait frangines / On n'aurait pas perdu son temps / Unissant nos voix j'imagine / Qu'on en dirait vingt fois autant / Et qu'on ferait changer les choses / Et je suppose / Aussi, les gens.* » Mais si Anne Sylvestre appelait de ses vœux à la sororité, elle n'en dénonçait pas moins les mères castratrices, les punaises médisantes, les idiotes. Dès lors, Anne Sylvestre va décliner la femme – libre, mère de famille, débrouillarde, amoureuse, caractérielle, conne, maso, déprimée, rebelle. Ce n'est pas pour autant qu'elle a écrit des chansons *pour* femmes. Elle s'énervait : « Benoîte Groult racontait qu'un soir, lors d'un dîner, un monsieur l'aborde et lui dit : "Ma femme adore vos livres." »

Pendant la guerre d'Algérie, en 1961, elle publie « Mon mari est parti », composée alors que l'Algérie s'embrase, hymne pacifiste contre cette guerre qui prive les enfants de père et les femmes d'amants – en réalité, on n'en finit jamais avec les armes. D'ailleurs, Barbara avait repris « Veuve de guerre » de Marcel Cuvelier en 1958, sur le même thème. Chez Barbara, la veuve prend des amants, qui meurent aussi, six précisément. Chez Anne Sylvestre, la veuve a envie de se jeter dans l'étang.

En 1974, elle écrit « Non, tu n'as pas de nom », chronique d'une page d'histoire commencée en 1971, quand *Le Nouvel Observateur* publie le manifeste des 343 Françaises célèbres reconnaissant avoir avorté, alors que l'avortement est encore considéré en France comme un crime de haute gravité – elles sont bientôt rebaptisées les « 343 salopes » par *Hara-Kiri*, ancêtre de *Charlie*, qui les soutient. L'année suivante se déroule le « procès de Bobigny », celui d'une jeune fille ayant avorté avec l'aide de sa mère : Marie-Claire Chevalier, seize ans à l'époque, attaquée pour avortement illégal par son violeur, dont elle était enceinte. Sur le parvis du tribunal de Bobigny, on crie : « L'Angleterre pour les riches, la prison pour les pauvres ! » L'avocate de la défense, Gisèle Halimi, obtient la relaxe de la jeune fille. En 1973, trois cent trente et un médecins avouent publiquement avoir pratiqué des avortements, crime que la loi punit sévèrement. La loi Veil sur l'IVG attendra encore deux ans.

Dans « Non, tu n'as pas de nom », Anne Sylvestre écrit la chronique de ce combat des femmes pour disposer librement de leur corps et « avoir le droit de choisir, surtout ». La loi Veil autorisant l'IVG en 1975, enfin les femmes peuvent reprendre possession d'elles-mêmes. « Non, tu n'as pas de nom » est une déclaration de guerre en faveur du libre choix : « *Quiconque se mettra entre / Mon existence et mon ventre / N'aura que mépris ou haine / Me mettra au rang des chiennes.* » On y verra un hymne pro-avortement, mais une bonne partie de la chanson décrit la douleur contenue dans la décision – souveraine – d'avorter : « *Ils en ont bien de la chance / Ceux qui croient que ça se pense / Ça se hurle ça se souffre / C'est la mort et c'est le gouffre / C'est la solitude blanche.* »

Anne a toujours voulu des enfants. Elle a eu deux filles. « J'ai aussi écrit "Rose", m'expliquait-elle, une chanson qui raconte l'histoire d'une infanticide de seize ans. Je l'avais lue dans un journal qui avait titré : "Elle n'aimait pas son enfant", comme si l'instinct maternel était inné. »

« Intersectionnelle » avant l'heure, Anne Sylvestre ne dit jamais blanc, jamais noir. Elle explore et trouve le point névralgique des combats féminins. Et ce n'est pas le néoféminisme qui va rétablir la justice et la justesse, ni Alice Coffin, conseillère de Paris et auteure d'un livre radical, *Le Génie lesbien*, qui va faire bouger les lignes. À Sophie Delassein de *L'Obs*, en octobre 2020, elle disait : « Je trouve [ce féminisme] ridicule, caricatural. Je ne marche pas. Tout le monde a rencontré des hommes merveilleux dans sa vie. Au moins un, au moins la moitié d'un. (*Rires.*) »

Anne Sylvestre n'a pas pris la parole aux côtés de féministes historiques, Antoinette Fouque ou Monique Wittig, elle n'a pas publié aux Éditions des Femmes, dont elle était pourtant proche et qui l'ont aidée quand elle était au fond du trou (financier). On ne la vit pas dans les cortèges, elle ne chanta pas l'hymne du MLF, « Femmes debout », composé collectivement en 1971, sur l'air du « Chant des marais », créé en 1933 par des détenus du camp de prisonniers allemand – des communistes – de Börgermoor : « *Nous qui sommes sans passé, les femmes / Nous qui n'avons pas d'histoire / Depuis la nuit des temps, les femmes, / Nous sommes le continent noir / Levons-nous femmes esclaves / Et brisons nos entraves / Debout, debout, debout ! / Asservies, humiliées, les femmes, / Achetées, vendues, violées / Dans toutes les maisons, les femmes, / Hors du monde reléguées* », etc., le tout chanté par les « mal-baisées » en réponse au pouvoir du phallus.

Pire, l'Année de la femme, instaurée en 1975 par l'ONU, l'irrite au point qu'elle compose « La Vache engagée ». Secrétaire d'État à la Condition féminine du président Valéry Giscard d'Estaing, Françoise Giroud, coiffure impeccable, tailleur bourgeois, est l'invitée d'« Apostrophe », l'émission phare de Bernard Pivot sur Antenne 2. Nous sommes le 30 décembre 1975, clôture de l'année en question. « Il y a des femmes qui se moquent », dit Pivot. « Oui, c'est la belle attitude des persécutés », dit la ministre. Mais, surprise, c'est Anne Sylvestre qui débarque avec sa guitare et Henri Droux à la contrebasse. Cheveux longs, col roulé, robe à motifs fleuris tendance hippie, la voici chantant : « *Les vaches ont une âme aussi / C'est le laitier qui me l'a dit.* » Le regard déterminé, l'accord tranchant, elle chante : « *Dis-moi, Germaine sais-tu ça ? / N'y a plus de raison qu'on le cache l'an prochain paraît-il qu'on va / Penser aux problèmes des vaches.* »

Françoise Giroud : « Il y a des femmes misogynes. »

Anne : « S'il faut que j'explique pourquoi j'ai fait cette chanson, je n'ai pas aimé du tout l'Année de la femme. Parce que s'il faut vraiment qu'on accorde une année à toutes les catégories animales qui en ont besoin, qui sont en détresse, alors je pense que les vaches en ont beaucoup plus besoin que nous. »

Plus loin :

« La trayeuse électrique, c'est tout le temps pour elles, nous c'est de temps en temps seulement. Et pas toutes ! Et puis nos enfants, ils vont pas tous à la casserole. Et puis au moins on nous explique. Au fond, on est mieux traitées que les vaches. »

Explication finale : « Je suis du Charolais. » Rires généralisés (sans aucun soulagement).

Anne Sylvestre finit par s'expliquer : l'Année de la femme de 1975 aurait finalement eu l'inverse de l'effet escompté. Au lieu de grandir la femme et de la placer définitivement au même rang que l'homme, elle aurait stigmatisé la femme comme une espèce particulière, mais somme toute encore inférieure à l'homme : « J'ai trouvé ça agaçant, car ça a augmenté toutes les moqueries, pas mal de choses contre, c'était tellement facile ! »

Pivot, bonhomme et fin connaisseur des séquences télévisées, lui donne raison en proposant une série de témoignages misogynes hilarants, livrés sans pudeur par des hommes de lettres, des navigateurs, des présentateurs de télévision. Il se moque. Françoise Giroud fait rempart avec chic. Pivot en rajoute : il a convoqué la chanteuse Marie-Thérèse Orain, accompagnée au piano par Jean Bertola, pour interpréter « Mon homme », un succès de 1920 (Albert Willemetz/Jacques Charles/Maurice Yvain) créé par la grande Mistinguett : « *Il me fout des coups / Il me prend mes sous / Je suis à bout / Mais malgré tout / Que voulez-vous / Je l'ai tellement dans la peau / Que j'en deviens marteau.* » Françoise Giroud dit : « C'est une chanson d'amour », et en propose une version au masculin, avec maîtresse femme et amoureux soumis.

En 1976, Delphine Seyrig, Carole Roussopoulos, Nadja Ringart et Ioana Wieder, féministes historiques, font de l'épisode Pivot un montage, intitulé « Maso et Miso vont en bateau ». Définitions en cartons interposés, écrits à la main : nous assisterions, suggèrent-elles, à la mise en scène d'un vieux modèle : « La nécessité de plaire (maso, féminisation) et le désir d'accéder au pouvoir (miso, masculinisation). » Et les piques fusent, Françoise Giroud en prend pour son grade. « Et voilà qu'ils nous libèrent, il ne manquait plus qu'ça ! » « L'Année de la femme n'est même pas bissextile », etc., etc.

C'est exactement ce dont veut nous alerter Anne Sylvestre, avec sa « Vache engagée » : de l'usurpation de nos droits. Et parce qu'elle parlait des femmes de l'intérieur, les dépouillant de tous les clichés et de toute servitude bien-pensante, elle allait bien au-delà des étiquettes ou du politiquement correct, dont le curseur bouge au fil des époques. Pour ces raisons, Anne Sylvestre fut puissamment féministe. Sans effets de manche. « Le discours de Barbara n'a pas été ça non plus, mais son existence même était ça », commente Anne.

En 1968, pour décrire le trauma profond du viol, elle use d'une métaphore, dans « Douce Maison », « *Une maison de bon aloi / Juste ce qu'il faut de mousse / Répartie aux bons endroits* », accueillante et généreuse, un beau jour mise à sac par des malfrats : « *Sauvagement ils pénètrent / Dévastant tout devant eux / Ils obligent les fenêtres / À s'ouvrir devant le feu / Avec leurs couteaux ils gravent / Des insultes sur les murs / Et s'en vont faisant les braves / Quand tout n'est plus que blessure.* » À nous de remplacer « maison » par « femme »…

Avec le temps, le discours se fait plus direct. Quatre ans avant #MeToo et #BalanceTonPorc, dans son vingt-quatrième disque, *Juste une femme*, Anne Sylvestre s'inspire de l'affaire Dominique Strauss-Kahn. Au départ, précise-t-elle, « je ne voulais pas écrire frontalement sur des faits lourds, le viol, etc. Mais sur le quotidien, et surtout sur la manière dont on parle des femmes, qui, quoi qu'il advienne, devraient se sentir flattées qu'on apprécie leur beauté ! ».

Et c'est clair. Bien sûr qu'elle ne supporte pas ce « *Petit monsieur petit costard / petit' bedaine* », saleté dans le regard, qui pousse « *dans les coins* » des femmes qui ne le veulent pas. Ni qu'on dise, quand elles s'insurgent : « Elles exagèrent, ce n'est pas un drame, il n'y a pas mort d'homme », une allusion aux déclarations de Jack Lang après l'arrestation à New York du président du FMI et possible candidat du PS à la présidentielle de 2012.

Dans cette même chanson, Anne Sylvestre dénonce les commentaires débiles qui accroissent encore les humiliations infligées aux femmes. « *Il y peut rien si ça l'excite / Et qu'est-ce qu'elle a cette hypocrite ? / Elle devrait se sentir flattée / Qu'on s'intéresse à sa beauté.* » De la femme de chambre de l'hôtel Sofitel agressée par DSK, on entendra bien sûr dire : « Elle ment. Elle est bien trop moche pour que sa version soit crédible. »

Avec #MeToo qui éclate en plein jour en 2017, après la révélation de l'affaire Harvey Weinstein, producteur et figure phare du cinéma hollywoodien, accusé de viols et d'agressions sexuelles à répétition, la donne change. Ça suffit. Et voici venir la nouvelle génération. Vin's, rappeur : « *Pas besoin d'avoir sa mère sur l'trottoir pour être un beau fils de pute / Tu m'crois pas viens voir les chiffres la vérité secoue / Y a plus de femmes qui tombent sous les coups / que de maris qui tombent sous écrous.* » Angèle, la Belge : « *Ils parlent tous comme des animaux / De toutes les chattes ça parle mal / 2018 j'sais pas c'qui t'faut / Mais je suis plus qu'un animal /* [...] *Laisse-moi te chanter / D'aller te faire en, hmm / Ouais j's'rai polie pour la télé / Mais va te faire en, hmm / Balance ton quoi / Balance ton quoi / Balance ton quoi.* » Clara Luciani, nouvelle star : « *Hé toi / Qu'est-ce que tu t'imagines ? / Je suis aussi vorace / Aussi vivante que toi / Sais-tu / Que là sous ma poitrine / Une rage sommeille (une rage sommeille) / Que tu ne soupçonnes pas ? / Prends garde / Sous mon sein, la grenade / Sous mon sein, là, regarde.* »

Anne Sylvestre était passée à l'acte. Depuis 2013, elle se produisait sur scène avec un trio exclusivement féminin, Nathalie Miravette (piano), Isabelle Vuarnesson (violoncelle) et Chloé Hammond (clarinettes). « Je suis ravie de ces trois-là », me disait l'auteure de « Juste une femme », après une joyeuse répétition au Hall de la chanson à Paris. « Rien que des femmes sur scène ? Si vous vous faites la réflexion, demandez-vous pourquoi. Le dit-on pour des hommes ? Il faudrait quand même que cela change un jour. » Et puisque tout est dans l'éducation, elle avait écrit dix-huit volumes de *Fabulettes* pour les enfants, à écouter avant d'être totalement embourbés dans les modèles sociaux. « Je suis révoltée, me disait la chanteuse, mère d'Alice et Philomène, par la façon dont on casse les enfants. »

Je pense à la ministre des Droits de l'homme, de la Famille et des Femmes du triste gouvernement de Jair Bolsonaro, Damares Alves, évangélique radicale, galvanisée par une rencontre passée avec Jésus – il lui était apparu perché dans les branches d'un goyavier, racontait-elle. À peine nommée à Brasilia, elle avait déclaré : « Une nouvelle ère commence au Brésil, les garçons s'habilleront en bleu et les filles en rose. » Immédiatement, le héros bahianais Caetano Veloso se pavanait en complet rose bonbon, enlaçant sa consœur Daniela Mercury, star très sexy de la musique pop brésilienne et militante LGBT, drapée dans un immense voile bleu. Et on avait bien ri, et on avait bien dansé ! Quel pied !

Caetano a quatre enfants ; Daniela, cinq, dont trois filles adoptées avec son épouse, la journaliste Malu Versoça, puisque le mariage gay est toujours autorisé au Brésil malgré l'arrivée au pouvoir de l'extrême droite religieuse. Tout n'est pas perdu.

11

Réhabilitation des *Fabulettes*

Ma *Fabulette* préférée, c'est « Les Yaourts à tout ». Pourquoi ? Le refrain, l'entrain, la fanfaronnade, les trompettes, le xylophone... Tournez manège ! « *Y'a des ya ya / Y'a des ya ou / Y'a des yaourts à tout / Y'a des ya ya / Y'a des ya ou / Y'a des yaourts à tout.* » Et puis j'aime quand ça part en papillotes. D'abord, ils sont normaux, les yaourts, fraise, groseille, pêche, et d'un coup, ça vire à la tulipe, aux fruits sauvages qui mordent au passage, des yaourts aux vers de terre, aux crottes de bique... Et là, chez nous, les mômes, ça se marre carrément, ça tape des mains, et ça chante et ça apprend qu'il faut de tout pour faire un monde. Puis ça vous coupe la chique à la dernière strophe : « *Et même en cherchant bien / On trouve des yaourts à rien.* » Imparable. Un accord final, et on a fait le tour de la vie, de l'utile et du vain.

Années 1980 : mes deux filleuls braillent « *Des nouilles des nouilles des nouilles / J'en veux pas si c'est pas des nouilles / Si c'est pas des nouilles j'en veux pas* ».

Mesure de rétorsion poilante parce que chez nous, le soir, la télé ne marche pas, l'écran est noir. En échange, on écoute de la musique. Années 1990, ma fille est à la crèche. Thérèse, l'Antillaise qui chante des berceuses créoles sans le dire à la directrice, me demande si je connais la chanson « Si le renard tousse ». Une minute, deux strophes, parfaitement adapté aux débutants de la vie. On l'écoute beaucoup en soirée. Années 2000, avant d'aller au bain, mes petits voisins reprennent « Si j'étais un poisson » (« *Si j'étais un poisson / Alors non non, non / Si j'étais un poisson / Alors pas de savon / Pas besoin de savonnette / Et pour me laver la tête / Pas besoin non pas besoin / Pas besoin de shampoing* »). Septembre 2021, une collègue, mère d'une fillette de cinq ans, en maternelle : « Ah oui ! Anne Sylvestre, la maîtresse leur a appris "Chanson pour ne pas se laver les mains" : "*Mais j'ai pas les mains sales / Non j'ai pas les mains sales / J'ai pas pu les salir c'est sûr / Puisque j'ai fait de la peinture.*" » Bref, ça dure et ça perdure. Un bémol : même si on en use, et si on en abuse, la chanson pour enfants a toujours aussi mauvaise presse.

Il est temps de réhabiliter ces *Fabulettes*. Les réhabiliter, oui, mais aux yeux de qui ? Car ce solide édifice est parfaitement défendu. Par la tribu des parents friands de distractions intelligentes, hors tablettes et consoles de jeux. Par les enseignants, surtout à gauche, au nom de la pédagogie éclairée. Par les enfants, les sales gosses, les sages, les rêveurs, les curieux qu'une pomme intrigue, les timides, les myopes, les rondelets et les maigrichonnes, tous fascinés par la grenouille qui se marie avec un alligator. Par Anne Sylvestre, elle-même.

Ses *Fabulettes*, elle ne les a jamais reniées. *Jamais*. Au contraire, me confie-t-elle : « De temps en temps, je les réécoute le soir et je m'en régale, il y a *Les Fabulettes aux oiseaux*, qui sont belles, *Tournez Fabulettes*, *Fabulettes à lunettes*… Et "Berceuse pour rêver", je l'aime. C'est un message important. » Elle fredonne : « *C'est les rêves c'est les rêves / Qui font grandir les enfants, / C'est les rêves c'est les rêves / Qui les poussent en avant* »…

Alors pourquoi cette œuvre, par ailleurs énorme succès commercial, déclinée en dix-huit volumes, soutenue par toutes les écoles de France, s'est-elle transformée pour Anne en drame artistique personnel ? L'équation est simple : l'auteure-compositrice-interprète a détesté y être exclusivement identifiée, alors qu'elle avait écrit près de quatre cents chansons « adultes », dans vingt-quatre albums originaux, donné plus de trois mille spectacles, un corpus créatif qu'elle ne voulait pas voir étouffé par « Chanson pour sauter à la corde »…

Première mesure conservatoire : « Je n'ai jamais voulu chanter *Les Fabulettes* sur scène, et j'ai eu raison. Parce que sinon, je n'aurais fait que cela. » Anne m'avait confié qu'à un moment, au mitan des années 1970, elle n'avait plus rien, plus un rond, et que si on lui avait proposé de donner des spectacles pour les enfants, elle aurait accepté. Puis « ça allait mieux, j'ai dit non. Henri Dès chantait dans les cabarets, il faisait les deux, mais il a choisi – les enfants.

Moi, les enfants, quand ils sont en groupe, me font peur. Un public d'enfants de huit ans, ça peut être redoutable. Mais entre les deux genres, ce sont pourtant les mêmes valeurs, les mêmes intérêts. Ce n'est pas moi qui ai scindé les deux. Malheureusement, il y a une grande ignorance chez les professionnels, une paresse extrême, ils ont besoin d'étiquettes. Ça me fâche quand on me réduit. Quand paraîtra ma nécro, je vois déjà les titres, "La maman des *Fabulettes* nous a quittés" et j'aurai les boules ». Elle les a eues.

Un après-midi chez elle, deux ans avant sa mort, Anne est debout devant moi. Un peu sèche, avec cette chevelure rousse, presque rouge, décolorée pour affirmer qu'elle fait comme il lui plaît. Qu'elle est, et n'est pas, cette vieille dame, « Violette » – une chanson écrite en 2013 –, révoltée par son boucher qui s'adresse ainsi à elle : « Et pour la p'tite dame, ce sera quoi ? » Quelle p'tite dame ? De qui parle-t-on ? Plus personne ne va lui casser les pieds, elle l'a dit au « *marchand d'barbaque* » et « *les quelques années qui lui restent / Elle veut les vivre à fond la caisse / Elle aime pas les rétroviseurs* ». Elle m'impressionne, Anne-Violette, elle fouille dans ses papiers. Elle sourit, plongée dans une mémoire vive, celle de l'enfance, qui est à la fois son paradis, son purgatoire et sa délivrance.

L'enfance, c'est « un drôle de truc », murmure Anne Sylvestre. « *Les Fabulettes*, ma part d'enfance ? Je ne sais pas. Mon enfance s'est arrêtée quand ma sœur est née. J'allais pleurer contre un mur. Je chantais. Je n'aimais pas l'école, mais j'étais prix d'excellence. »

Dans la vie, j'ai toujours pensé qu'il y avait deux clans, influencée que je fus par *Tom-Tom et Nana*. La BD déclinée en épisodes dans *J'aime lire* (je ne suis pas la seule à l'avoir lue, à ce jour trente-quatre albums de *Tom-Tom et Nana* se sont écoulés à plus de seize millions d'exemplaires). D'une part, les Dubouchon, souche gauloise ; le papa, cuisinier débonnaire, s'appelle Robert, ses minots, Tom-Tom et Nana ; tous des lève-tard bidouilleurs, de gentils maladroits. De l'autre, les Lepoivre, des Guadeloupéens, sportifs infatigables, toujours en survêt. Les premiers mangent et font la sieste, les seconds grimpent, courent, doublent, nagent, grignotent, hop, hop, hop ! Personnellement, je me lève à midi et j'ai horreur de la piscine.

Nous connaissons l'attachement d'Anne à la mer, à la navigation. Nous savons sa détestation des promenades dominicales, de la marche à pied censée entretenir la santé. Mais chercher un texte sur sa sœur, c'est chercher une aiguille dans une botte de foin. Nous chercherons. Parce que, comme elle l'a aussi confié à Monique Detry, « mon image " enfance " s'arrête à la naissance de ma sœur. J'avais sept ans et demi et je suis devenue " grande ". Tout s'est brouillé, tout est devenu complètement autre ».

Il faut beaucoup de courage pour ne pas vouloir diminuer l'autre. De la maturité sans doute, une capacité à voiler la souffrance.

L'histoire des *Fabulettes*, « chansons inscrites au patrimoine scolaire » selon le SNUipp-FSU, commence en 1962. « On a dit : quand Anne Sylvestre a eu moins de succès, elle s'est reclassée dans la chanson pour enfants. Faux. Ce sont deux répertoires distincts, deux activités parallèles. J'ai commencé à chanter en 1957 et, dès 1961, je me suis mise à écrire des chansons pour les enfants, par plaisir et pour ma fille qui venait de naître. Parce que je voulais retarder la crétinisation… J'habitais la grande banlieue, à Saint-Michel-sur-Orge, je promenais ma nourrissonne dans son landau, et me venaient des choses en tête. La première a été "Veux-tu monter dans mon bateau". Évidemment, elle ne comprenait rien. J'ai écrit "Berceuse pour une pomme", parce qu'elle avait une tête ronde, j'ai construit un dialogue, avec des réponses qu'elle n'a évidemment jamais données ! Et puis Alice, sa chanson préférée, en fait, c'était "La Carmagnole" », le chant des sans-culottes de 1792.

Anne Sylvestre me dit qu'elle a toujours fait chanter les enfants, les tout-petits, dans les maternelles, chez les scouts. « J'ai monté des chorales, quand j'étais en première, en seconde même, les sœurs dominicaines s'étaient aperçues que j'aimais chanter. Elles m'ont demandé de m'occuper des petits, j'étais branchée sur un répertoire enfant très commun, "Promenons-nous dans les bois", etc. Maman nous chantait des chansons alsaciennes, mais comme je ne connaissais pas le dialecte… Alors j'ai appris de vieilles chansons françaises aux Guides de France. Enfant, on a essayé de m'enseigner le piano, mais j'ai abandonné à quinze ans, et pourtant, j'avais un excellent prof de piano, qui était l'organiste de l'église de Suresnes, un mécréant. On se battait pour monter à la tribune de l'orgue pour voir ce qu'il faisait. Il pouvait jouer n'importe quoi, il faisait des paris, il s'amusait à jouer "Un petit navire", au milieu d'un récital. »

En 1962, pour lui « faire plaisir », Philips accepte d'enregistrer un 45-tours où figurent « Veux-tu monter dans mon bateau », « Hérisson » et l'ineffable « Muse-Musaraigne », bouclée en trente-cinq secondes. Si la maison de disques n'est pas emballée et traîne la patte, c'est qu'elle a déjà mis en place une « ligne enfants », notamment avec la série des *Piccolo, Saxo et compagnie*, imaginée par le compositeur André Popp et le producteur Jacques Canetti dès 1957. « J'ai mis longtemps à les convaincre. Ils ont accepté en prenant la moitié des royalties, qui, ma foi, étaient déjà réduites au minimum, moins de 3 %. »

Intitulé *Fabulettes*, le 45-tours dispose d'une « pochette ornée de petits carrés jaunes et bleus, avec des dessins d'animaux, hérisson, mouchette, pomme, bateau, etc. ». Pour l'occasion, Anne Sylvestre a réuni une belle équipe, puisant dans sa garde rapprochée : les enfants, filles ou garçons, par principe, méritent du caviar. L'arrangeur et directeur d'orchestre s'appelle Barthélémy Rosso, ami monégasque de Léo Ferré, qu'il a accompagné sur plusieurs albums studio dont *Les Fleurs du mal* en 1957 ou *Paname* en 1960. Rosso, tout comme Marcel Yonnet, pianiste, mari d'Anne Sylvestre et père de sa fille Alice, appartient à la bande de Ricet Barrier, le copain iconoclaste de La Colombe, puis des Trois Baudets. Pour la pochette, on se tourne naturellement vers le beau-frère Jacques Yonnet, dessinateur à ses heures perdues.

Un drôle de personnage, Jacques Yonnet : résistant, amateur de canular et de bonne chère, journaliste, il est l'auteur d'un célèbre article sur « Petiot, soldat du Reich » publié en 1944 dans le journal *Résistance*. Sinistre individu, Petiot, médecin parisien, avait assassiné dans son cabinet de la rue Le Sueur une soixantaine de personnes, dont bon nombre de Juifs, à qui il promettait d'organiser leur fuite en Argentine, mais qu'il condamnait à finir dans un bassin de chaux vive de l'arrière-cour. En cavale, le meurtrier est arrêté grâce à l'article de Jacques Yonnet, à qui il avait expédié un droit de réponse ! Le docteur Petiot fut condamné à mort et exécuté. Petiot assassin, Pétain assassin. Jacques Yonnet devint chroniqueur gastronomique à *L'Auvergnat de Paris*, il y écrivit des centaines de pages à la fois fantaisistes et poétiques, accompagnées de dessins, le tout à la gloire des bistrots parisiens. Le résultat de ce travail tient dans un livre culte sur Paris : *Rue des Maléfices, chronique secrète d'une ville*, illustré par les photos de son copain Robert Doisneau...

« Un peu vieillotte, cette pochette », commente Anne Sylvestre en touillant son thé. Après ses premières chansons pour enfants, Anne fait les écoles. « J'ai tout de suite appelé cela *Fabulettes*, mais comme c'est dans le dictionnaire, je n'ai jamais pu déposer le nom. Ce ne sont pas des comptines, même si j'en ai fait quelques-unes, ce sont des petites histoires, elles ne sont pas structurées couplets/refrains, puisque c'était pour les plus petits. Ça n'a pas plu à certains. » Mais à l'école ouverte, si, beaucoup et tout de suite.

« J'élevais ma fille, je tournais partout et j'ai rencontré des instits qui me réclamaient des *Fabulettes* : "On en veut encore, vite ! " Pendant plusieurs années, au moins trois ans, je suis allée d'instit en instit, j'ai rendu visite à des inspectrices qui les faisaient découvrir, c'était très souterrain. Je n'en ai pas écrit d'autres pendant longtemps. » Elle avait d'autres chats à fouetter, l'arrivée du yé-yé, des ruptures de contrat...

Philips ne renouvelle pas l'expérience. Il faudra attendre dix ans le retour des *Fabulettes*, en 1969. Entre-temps, Anne écrit « à la demande ». Des instituteurs lui passent commande pour des chansons sur un thème précis. On a souvent dit : *Les Fabulettes*, c'est pour ses filles. « Oui et non, parce que les chansons, on ne sait jamais comment ça vient. Ainsi, j'ai fait beaucoup de chansons *pour*. » Pour manger un œuf à la coque, pour se laver les oreilles, etc., toujours avec finesse, complicité, délicatesse : « *L'oreille est un coquillage / Où on doit faire le ménage / L'oreille est comme un couloir / Qui ne doit pas être noir.* »

« Mes *Fabulettes* sont des outils, de la pâte à modeler, elles peuvent servir pour toutes sortes de choses. Je me suis toujours placée du côté des enfants en observant ce qui les fait rire ou les motive. Il faut une idée mais aussi du travail car ce n'est pas plus simple d'écrire pour les enfants que pour les adultes. Et si la poésie veut se poser dessus, je ne suis pas contre, je veux bien l'accueillir… Certaines *Fabulettes* sont des chansons engagées. Avec *Les Fabulettes*, j'ai pu structurer [les enfants], leur donner le goût de la liberté, du plaisir de chanter. »

Les Fabulettes sont un appel à la liberté, elles sont iconoclastes. Elles veulent marquer un désaccord profond avec le formatage, avec les divisions filles-garçons, forts-faibles. Elles veulent rompre avec ces lieux dévastateurs où l'on compare les minots, où on les juge, où l'on zappe le quotidien. Est-il facile à découvrir, ce vaste monde avec toutes ces bizarreries, le toboggan, que les braves affrontent parce qu'ils vont plus vite, qu'ils « *savent tomber en roulant, Maman* » ? Et comment rattraper le bonnet qui s'envole sur la route de l'école, souffler dans ses doigts pour vaincre le froid, rencontrer un oiseau bienveillant… ? « Je voulais que les enfants qui entendaient ces chansons se disent : “ Moi aussi, je peux ”, sans que ce soit sophistiqué. En créant une complicité, en leur écrivant et leur chantant “ C'est drôle, tu sais, je sais que tu sais, et tu sais que je sais ”, cela crée le jeu. En tout cas, je savais ce qui est au centre des préoccupations quotidiennes des enfants, le rôle du vélo, des nouilles… J'ai toujours pris les enfants pour eux. Je n'ai jamais moralisé, j'ai toujours été de leur côté, en gardant mes valeurs. On me dit que les enfants peuvent tout écouter. Oui, mais tu ne vas pas leur donner du roquefort quand ils veulent du lait, ça ne les intéresse pas. »

Les Fabulettes induisent par magie un dialogue, y compris avec les tout-petits, avant même l'acquisition du langage. L'enfant peut être bravache et récalcitrant, les parents odieux par fatigue – composée pour les grands, en 1973, la « Berceuse aux petits vampires » décrit ainsi l'envie récurrente des parents de balancer leurs enfants par la fenêtre à la fin de la journée.

« Il y a des allers-retours entre les deux. Moi, j'étais toujours du parti des enfants. Je suis révoltée par la façon dont on les casse. Je n'ai jamais été complaisante. Je chante "Berceuse pour rêver", "*Dors Séraphine tu seras marine*", *etc.* "Fraises des bois" est une chanson d'amour, "Les Nouilles" sont un acte de résistance. "Nono" raconte l'histoire d'un petit trisomique, tout le monde l'aime dans sa classe ("*S'il ne connaît pas les mots Nono / S'il gribouille quand on écrit / Tant pis / Nous on sait qu'il est comme ça / Et ça ne nous dérange pas*"). J'en ai écrit une autre pour une petite fille, "La Petite Rivière", qui est toujours couchée et ne peut pas se lever, ses parents sont des saules. C'était pour une enfant qui avait la mucoviscidose. J'avais correspondu avec les parents, malheureusement la chanson est arrivée trop tard. »

Il y a eu *Les Fabulettes à lunettes*, avec « Petit Hibou » : « Tu as un petit œil qui va sur le côté comme une souris, mais c'est bien », hymne à la bienveillance, valeur essentielle. « Je fais les chansons pour consoler les enfants, les justifier, leur dire : "Tu as raison." Mais c'est joli, les lunettes. »

Les Fabulettes sont irriguées du réel. Elles s'enracinent dans un vécu domestique. Une amie d'Anne Sylvestre travaillait dans un service « pour enfants fracassés, très amochés par des naissances difficiles ou autres ». Les enfants lui écrivent par son intermédiaire. Anne lit leurs lettres et compose *Les Fabulettes en couleurs*, pour raconter et rendre belles et joyeuses toutes les différences. « Ils ont tout de suite préféré "Le Petit Sapin", hirsute et forcé de cohabiter avec les feuillus dans la forêt, ou "Petit Hibou", au strabisme évident. Parfois, je choisissais des thèmes, Noël, la mer, les oiseaux, tout ce qui tourne. Je prends une idée et je balaye autour – d'où "Marion Tourbillon", "Les Éoliennes", "La Cocotte-minute". J'ai pris plaisir à écrire tout cela. » Et puis, toute cette drôlerie, ce jeu de rôle rigolo entre parents et enfants : « *Veux-tu monter dans mon bateau / Ton bateau l'est pas beau.* »

En 1967, après six albums « pour les grands » chez Philips, Anne Sylvestre, devenue transparente, inexistante, claque la porte. Elle change de maison de disques, Philips lui intente un procès. Elle perd. Ex-collaborateur de Jacques Canetti, Gérard Meys a monté sa propre maison d'édition et de production discographique en 1960, après le refus de Philips d'éditer les albums de son poulain, découvert à l'époque : Jean Ferrat. « Je suis allée chez Meys, et nous avons enregistré trois 45-tours de *Fabulettes*. Je savais que *Les Fabulettes* se vendaient bien. Gérard Meys s'en rendait compte. Je suis restée trois ans aux Disques Meys, j'ai enregistré trois 33-tours [pour les adultes], qui ont bien marché. » Et puis Gérard Meys commet un crime de lèse-majesté. Il sort en 1970 un album « mixte », *Quinze Fabulettes d'Anne Sylvestre pour les grands et les petits*, une « présentation des *Fabu-*

lettes avec des chansons d'adultes sans m'en avertir. J'ai fait un procès, gagné au nom du droit moral, ça a mis quatre ans, il a eu le temps d'en vendre ! ». Victoire en poche, Anne Sylvestre décide de monter sa propre société de production, une première en France pour une femme artiste.

« Je me suis retrouvée dans la nature, mais avec la certitude que *Les Fabulettes* se vendraient. Mon avocat me suggère alors d'être productrice. J'avais deux chansons enregistrées qui passaient à la radio, dont la "Lettre à Élise", donc j'existais. Eddie Barclay me propose un contrat d'artiste, j'ai dit non. Après quelques verres d'excellent bordeaux, j'ai obtenu de Barclay un contrat de distribution, avec les éditions et les droits réservés. Il était très sympa. »

De 1973 à 1979, Les Productions Anne Sylvestre vont publier huit 45-tours pour enfants sous l'appellation *Mercredidisque* – arrangements de François Rauber et pochettes de René Biosca, « qui dessinait joliment ». Parallèlement, naissent, en 1974, les *Chansons pour...* sous le label ABC Productions, pour manger un œuf à la coque, ne pas se laver les oreilles, etc. La revue *Pomme d'api* aide à la première édition de ces *Chansons pour...* : sur la pochette, un enfant mange un œuf à la coque, dessiné par Pierre Élie Ferrier, dit Pef. « Pef commence alors à dessiner pour moi, il travaillait pour *France Jeunesse* à l'époque. Et il continue, jusqu'à aujourd'hui. Le premier disque qu'il a illustré, ça a été avec des dessins sur fond noir et du papier découpé. De très belles pochettes. »

Pef, c'est toute une histoire, pur produit de l'école laïque pour tous. Fils d'un animateur de la *Ligue de l'enseignement*, militant culturel et communiste, il fut, avec ses parents, un acteur précoce de l'éducation populaire. Comme Anne Sylvestre, il comprend les enfants de l'intérieur. Pef passe plus de temps avec eux, en rencontres et en discussions, qu'à sa table de travail, et cela lui permet de concevoir *La Belle Lisse Poire du prince de Motordu*, un ouvrage paru en 1980 et vendu à plus d'un million d'exemplaires. Ensemble, ils parlent d'une même voix, il dessine, elle chante : « *Laissez les enfants rêver / Ne les cassez pas d'avance / Donnez-leur au moins la chance / D'apprendre un jour à voler / Laissez les enfants choisir / Des chemins qui vous dépassent / N'effacez jamais leurs traces / Vous les verrez revenir.* »

Les Fabulettes sont source de plaisir, d'amusement, d'aventures, de hasards. En 1974, inspirée par une amie institutrice, Anne écrit *Les Fabulettes marines*. « Mes filles sont venues chanter sur des enregistrements, pour les chœurs, avec celles de François Rauber, la fille du comptable et deux copines d'école. Elles venaient le jeudi au studio. Croissants et jus d'orange, et ça roulait magnifiquement. Philo avait cinq ans, Alice dix, elles chantaient bien, sans le côté sucré des chorales. Après, elles ont grandi, mais les petits garçons étaient maniérés, je cherchais une petite voix futée, c'était dur, les chorales formatées. »

En 1975, *La P'tite Josette* surgit. Anne Sylvestre s'en délecte, le regard pétille, gourmand. « J'ai monté l'histoire de la P'tite Josette, un petit personnage, pour faire manger ma deuxième fille, Philomène. On faisait des chemins dans la purée, on avait des ruses. Donc j'écris l'histoire de la Petite Josette qui n'en fait qu'à sa tête, petite couette, tablier à carreaux. » La femme de Pef, Geneviève, crée alors une poupée en chiffon, à fabriquer soi-même selon un patron joint au disque. Des faire-part annoncent la naissance de la P'tite Josette, une conférence de presse est organisée dans une librairie-marchand de jouets, avec des boîtes de dragées roses et blanches et un slogan : « *Venez avec un enfant, si vous n'en avez pas, volez-en un.* »

Un vrai carnaval. Tout de suite, des écoles maternelles fabriquent des P'tites Josettes. Une catastrophe aurait pu balayer tout cela de façon irrémédiable : l'arrivée de Chantal Goya puis celle de Dorothée. Il n'en fut rien. « Elles avaient la télé, moi l'école. Et les productions Sylvestre ont tenu très fort, je fabriquais mes pochettes en Italie, une petite imprimerie à Foligno en Ombrie. » Une aventure. Et il n'y a pas de hasard : c'est à Foligno, dans les vallons verdoyants de cet hypercentre italien, qu'a été imprimé en 1472 le premier livre en langue italienne, *La Divine Comédie*. « Cet imprimeur était excellent. On pouvait commander de grosses quantités, il les gardait, les stockait, on venait les chercher quand on en avait besoin. Un jour, l'imprimerie s'est mise en grève, les ouvriers ont séquestré les plaques. J'avais une grosse commande, impossible de récupérer ces pochettes, un peu complexes, car elles se dépliaient, etc. Je pars donc en Italie les chercher. Avec mon avocat, on prend l'avion, on loue une voiture, nous voici dans la campagne. Ils sont en grève. Ils disent *non*. Non et non. Rien à faire. » Le drame semble inévitable, mais pas pour Anne : elle a un ami italien, sicilien pour tout dire, Salvatore Picciotto. Salvatore aime les marionnettes, la chanson et Anne Sylvestre. Leur rencontre remonte à 1973, alors qu'il reprend le Théâtre des Capucines. Anne Sylvestre n'a plus de contrat discographique, elle doit assurer l'éducation de ses deux filles, avec son second mari, le contrebassiste et père de Philomène Henri Droux. « Salvatore ne m'avait jamais vue, il avait écouté et lu mes textes, il est venu me chercher, et ce fut comme un conte de fées. » Correspondant de journaux italiens à Paris, puis rédacteur en chef du *Matin de Paris*, avant de devenir directeur général de Pathé, il embauche Eddie Constantine pour rouvrir son Théâtre des Capucines. Eddie boit comme un trou, tient trois jours. Salvatore cherche un chanteur à guitare. Ses amis étudiants lui suggèrent la « Brassens féminine ». Il prend le pari, insiste. Elle accepte, remplit un mois durant, gagne de l'argent, renoue avec le succès.

Ce jour-là, au milieu des grévistes de Foligno, Anne l'appelle et Salvatore la sauve. « Il me dit : "Tu ne dis rien, je vais faire le Sicilien." Il leur a parlé pendant une heure. On est repartis avec les planches, lourdes, grandes, et j'ai mis tout ça sur un chariot et j'ai passé la douane », en loucedé. C'est pour cette raison, parce que la vie recèle bien des imprévus et des bifurcations, qu'il ne faut jamais briser les rêves des enfants.

On ne peut préjuger de rien. Ainsi, *Les Fabulettes*

ont-elles été – et personne n'aurait parié là-dessus – le pilier de l'activité commerciale d'Anne Sylvestre, avec des ventes « plus régulières » que les albums « pour adultes ». Et ces enfants, une fois grands, n'ont cessé de renouveler son public, découvrant, enfin, l'autre répertoire de l'auteure. Pour eux, elle a écrit une chanson dans l'album *Bye Mélanco*, paru en 2007 : « *Ils ont dans un coin de leur tête / Un œuf tout neuf un clignoton / Une histoire de petite languette / Des trucs pour avoir un bonbon / En me glissant dans leurs oreilles / J'ai cheminé jusqu'à leurs cœurs / Comme autant de petites abeilles / Ont fait leur miel avec mes fleurs.* »

Dans la grande salle de la rue de la Réunion, elle revient sur la genèse des « Rescapés des *Fabulettes* » : à la fin des concerts, certains venaient la voir pour lui dire : « Je suis un rescapé. » Une partie d'entre eux parce qu'ils n'avaient jamais écouté *Les Fabulettes* enfants. D'autres, car ils s'en étaient sortis en écoutant « Les gens qui doutent » ou « Écrire pour ne pas mourir ». « À ceux et celles qui me disent : "Vous m'avez bercé avec *Les Fabulettes*", je leur réponds : "J'espère que je ne vous ai pas endormi." Je leur dis : "Vous avez grandi." Parfois, ils veulent rester dans l'enfance. Mais beaucoup passent le pas. Et comme ça, je me suis préparé un public. »

Anne Sylvestre fit quelques entailles au dogme « Ne pas chanter pour les enfants », comme lors de la création, en 1993, d'une pièce de théâtre musical avec la metteuse en scène Viviane Théophilidès, *Lala et le Cirque du vent*, remplie de drôles de personnages : Lala la danseuse, l'ours Toumiel, Bonsaï le jongleur, Flonflon la postière, Cholaho l'homme paratonnerre… Avec Viviane Théophilidès encore, Anne Sylvestre crée en 1997 *La Fontaine Sylvestre* et publie son dix-neuvième album (pour les grands) intitulé *Chante… au bord de La Fontaine*, composé de seize chansons inspirées des fables du grand Jean.

« Viviane disait les originaux, je chantais mes chansons, cela les rendait compréhensibles. Une chanson, c'est ce que l'on veut, cela n'a pas de forme imposée, une fable si. C'était une commande du festival à Grignan, un festival sur La Fontaine : créer une dizaine de fables, cela m'a intéressée, donc je me suis mise à mon établi, j'ai tout relu, j'ai pris celles qui me parlaient, et j'ai écrit mes propres histoires à partir de Jean de La Fontaine. On les a chantées avec mon pianiste Philippe Davenet à Grignan, puis ailleurs. »

« Si ce n'est toi, c'est donc ton frère » s'inspire ainsi du « Loup et l'Agneau », et de sa morale : « La raison du plus fort est toujours la meilleure. » En 1997, le Front national a pris bien du galon, mais il y a de larges manifestations anti-FN. Il y a déjà des bavures policières et certains à l'extrême droite s'octroient des sortes de permis de tuer face à des délinquants potentiels, évidemment reconnus à leur faciès. « Si ce n'est toi, c'est donc ton frère », dit le loup plein de rage qui veut croquer l'agneau, accusé, chez La Fontaine, de boire son eau. Anne Sylvestre transpose : voici désormais le « *petit mouton noir et frisé* », s'ennuyant ferme dans une cité, alpagué par un patron de bistrot, plein de rage lui aussi, qui l'accuse d'avoir fait du boucan et d'avoir tagué les murs de son rade. « *Si ce n'est toi / c'est donc ton frère / C'est donc quelqu'un des tiens.* » Où comptabiliser « Si ce n'est toi, c'est donc ton frère »? Parmi les chansons « pour adultes » ou dans celles qui s'adressent non pas aux petits, mais aux enfants grandissants? Soulignons que réduire Anne Sylvestre à ses *Fabulettes*, c'est un petit peu prétendre que *Les Fables* de La Fontaine ne seraient destinées qu'aux élèves de CP…

En 2009, Anne Sylvestre publie le dix-huitième volume des *Fabulettes* et préside au *Retour de la P'tite Josette*. « Le manque de curiosité des gens me désole, la paresse, y compris des enseignants, m'a frappée », me dit-elle. Les temps ont changé. Mais en vertu de son attachement à l'égalité des droits, Anne Sylvestre n'avait jamais cessé d'aller dans les écoles. « Je chante avec les enfants dans les écoles, je vais dans les écoles, parfois il y avait des femmes voilées, qui ne comprenaient pas grand-chose, les enfants apprenaient tout par cœur, elles étaient en admiration devant leurs enfants. Je leur disais: "Vos enfants ont beaucoup de talent." Quand les papas viennent, c'est parfois pour surveiller. » Pour préparer un de nos entretiens, je consulte la presse. Un article me touche. Signé par Yannick Delneste, il est publié le 12 avril 2019 dans le quotidien *Sud-Ouest*. « L'artiste est venue ce vendredi après-midi saluer la renaissance de l'école Labarde dans le quartier Bacalan. Pendant quatre heures, elle a rencontré enfants et enseignants. L'une a ouvert ses portes il y a environ soixante ans. L'autre a sorti son premier disque à la même époque. L'école Labarde et Anne Sylvestre étaient faites pour se rencontrer. La seconde a donné son nom à la première ce vendredi au terme d'un après-midi de rencontres et de chansons. "Il y a ici des enfants de toutes les couleurs et j'en suis ravie", a déclaré Anne Sylvestre devant enfants, parents et enseignants après que la nouvelle plaque portant son nom a été dévoilée. Une plaque qui, sur le chevalet, penchait à gauche.

Auparavant, l'auteure-compositrice-interprète a cheminé au fil des classes et des salles pour rencontrer les enfants et professeurs des écoles. Travaillant depuis le début de l'année sur son répertoire, les élèves de CP et de CE1 l'ont épatée. "Ils sont formidablement intéressés et pertinents", s'enthousiasmait-elle. "À travers *Les Fabulettes* et autres chansons, ils chantent aussi des valeurs de tolérance, d'amour et de respect des filles par exemple. Et quoi de mieux qu'une chanson pour les intégrer ?"

Dans la classe de RASED (Réseau d'aide pour les enfants en difficultés scolaires), trois élèves revisitaient "J'ai une maison pleine de fenêtres" en "J'ai une école pleine de fenêtres", clin d'œil aussi à la réfection de l'école terminée cette année. Une enseignante confiait à l'artiste que pour son mariage, elle avait choisi le bidonnant "Depuis le temps que je l'attends" qu'Anne Sylvestre avait écrit et composé pour un duo avec Boby Lapointe.

Les cent quatre-vingts élèves de l'école l'attendaient ensuite dans la grande salle pour chanter "Vole haut", de circonstance. Les enseignants ont pris le relais pour une belle version de "Laissez les enfants" sorti sur le très bel album *Bye Mélanco. Yeux embués un peu partout.* »

Et je ne sais pas pourquoi, j'ai lu « Bataclan ». Le quartier Bataclan. J'ai mis des heures à rectifier : le quartier Bacalan de Bordeaux.

12

Le Bataclan

Avril 2021 : soudainement, me vient l'envie de marcher jusqu'à la rue de la Réunion. J'y suis passée après la mort d'Anne, il y avait des fleurs, des petits mots, la nécro du *Monde* scotchée à la vitrine. Les voisins s'en étonnaient, car Anne était d'une discrétion à toute épreuve. J'habite le Bas-Montreuil, chez les bobos tendance créatifs. Pour me rendre rue de la Réunion, de l'autre côté du périf, je glisse sur la rue de Paris, rectiligne, de la Croix-de-Chavaux à la Porte-de-Montreuil. Tout droit encore, la rue d'Avron, même physionomie, et tout de suite après la rue des Pyrénées, qui monte au Père-Lachaise, la rue de la Réunion.

La rue de Paris, autrefois route nationale, a gardé son étroitesse, mais elle s'est emplie d'épiciers beurs et africains, de kebabs, de marchands de fringues démarquées, et de cartes téléphoniques. Le jour de l'Aïd, la fin du jeûne du ramadan, y est joyeux, avec ses groupes d'Africains en tunique de bazin, les enfants en costumes brodés, les femmes en boubou, des hommes en babouches. Le Bas-Montreuil vit ensemble, et son urbanisme a instauré la mixité sociale.

Anne Sylvestre est morte le 30 novembre 2020, au deuxième confinement. Nous en sommes au troisième et j'étouffe. Ni concerts, ni voyages, ni musée, ni cinéma, ni théâtre, ni bistrot, ni amis. Anne Sylvestre ne disait jamais non à un verre de rouge entre copains, elle était bonne vivante. Elle riait. Elle avait faim. À l'Épiphanie, elle apportait la galette des rois, achetée en bas de chez elle, dans une boulangerie qu'elle affectionnait. Elle tirait la fève. Mais en fait, disait-elle, elle n'aimait pas trop la galette et sa lourde frangipane. Elle en mangeait avec appétit.

Je pense souvent à Anne. Elle n'est pas mon amie au sens premier du terme, mais, à travers ses chansons et sa façon d'être, elle m'est devenue intime. En ce jour de printemps, Montreuil est baigné d'un soleil ardent mais blanc, sahélien. En montant vers Bagnolet, on tombe sur des garages, entrepôts, piles de palettes et de machines à retaper, il y a comme un air de Bamako, Dakar, Casablanca, Recife, tous ces endroits où je ne peux plus aller pour le moment. La rue de Paris est un voyage béni.

Je passe devant les restes de l'usine de plâtre Morel, reconvertie par un geste artistique en Acieroïd, grande carcasse de ferraille abandonnée, où il est écrit à la main : « Tant qu'un homme pourra mourir de faim à la porte d'un palais, il n'y aura rien de stable dans les institutions humaines », une citation du communard

Eugène Varlin. Usine de pianos Klein, usine de poupées en porcelaine, usine Pernod, usine de peaux de lapin, studios de cinéma Pathé : tout a fermé. Mais tout reste, tout a été reconquis, anarchiquement.

C'est bien, c'est un peu tiers-monde à l'ancienne, tout n'est pas bloqué, ficelé d'avance, il y a comme un espace de liberté contrevenante. Les voitures sont garées en double file, ça râle, ça passe. Ça respire. Les mesures d'exception se multiplient depuis le début de la pandémie, la chasse à l'islamo-gauchisme a été lancée, le Parlement a adopté un amendement visant à interdire les réunions « racisées », de quoi faire bondir les féministes historiques qui organisaient des espaces de discussion exclusivement féminins pour libérer la parole.

J'aime cette rue depuis que je me suis fait voler mon sac à main. J'avais raconté l'anecdote à Anne. Elle avait beaucoup ri.

Un jour de ramadan, un jour chaud du mois de juillet, un 4 × 4 noir est planté au milieu de la chaussée. La circulation est bloquée. Je descends, j'invective. Un petit bonhomme habillé en rouge sort d'un kebab : « C'est les keufs, madame, c'est les keufs, c'est pas nous. En plein ramadan, ils viennent nous chercher. » Plaqués contre le mur, trois garçons longilignes en jeans tombants sont fouillés au corps par la BAC – pour une fois, ils ont mis les brassards rouges. Fuck la police, je le dis tout haut, c'est viscéral. Je n'aime pas le consensus. La Nation dressée pour un idéal commun oublie les nuances. Elle fait l'autruche. Après l'attentat contre *Charlie Hebdo* et l'HyperCacher, les Français regroupés en masse pour une manifestation géante place de la République n'ont pas entendu la rumeur grandissante venue des écoles, qui disait : « Je suis Charlie Coulibaly ».

« Si ce n'est toi, c'est donc ton frère », dit le loup plein de rage qui veut croquer l'agneau, accusé de boire son eau. En 1997, lorsque Anne publie sa version des *Fables* de La Fontaine, dont « Le Loup et l'Agneau », elle met en scène les fractures qui mèneront au chaos du 13 novembre et à la montée en force des idées de « l'ultra extrême droite » quelques années plus tard. Elle m'avait dit alors : « Le racisme, la banalisation de la discrimination me font froid dans le dos, et cette façon de dire "On n'y peut rien !". » Avec Viviane Théophilidès, elle avait créé le spectacle à La Comedia de Toulon, « en solidarité pour ce théâtre qui avait en face de lui une mairie Front national ».

Le contrôle au faciès prend fin ce jour-là rue de Paris, on finit par redémarrer. Je dois acheter une baguette de pain pour le dîner, quelques centaines de mètres plus loin. Quand je veux prendre mon portefeuille, je n'ai plus de sac. Alors que j'envoyais la police au diable, des mains alertes avaient plongé dans la portière. En ligne droite, c'est le commissariat, trois heures d'attente, tous les papiers à refaire. Mon penchant pour la *street culture* m'impose de régler le problème à la loyale. J'opère un demi-tour. J'ai de la chance. Le garçon à la chemise rouge est encore là, je lui dis : « Tu t'es moqué de moi, et moi, je vais aller au commissariat. » Je m'arrête en pleine rue, c'est à mon tour de bloquer la circulation. « Quoi, madame, on t'a volé ton sac ? » Il est indigné. « Gare-toi là. » Je me gare à côté. Il revient. « Attends quinze minutes. »

Et c'est un défilé de sympathies dans la rue de Paris. « Non ? On vous a volée ! » « Attendez, attendez, ça va s'arranger. » Quinze minutes plus tard : « Viens, madame. Va là-bas au coin de la rue. » J'y vais. Trois hommes mûrs. L'un cheveux gris en arrière, chemise noire, impeccable. L'autre porte des mocassins qui brillent, le troisième un blazer croisé. À leurs pieds, mon sac à main. Ils ne se baissent pas, ils sont droits comme des « I ». L'opération est publique. « C'est le vôtre, prenez-le. Il ne manque rien ? » Je prends, il y a tout, portefeuille, agenda, brosse. L'argent liquide s'est envolé. « Ce ne sont pas des gens d'ici qui vous ont volée, nous sommes commerçants, nous voulons la paix. » Dont acte. Merci. Je vais partir. L'homme au blazer met la main à sa poche : « Et ça, c'est à vous ? » Mon iPhone professionnel. Cerise sur le gâteau. Il est princier.

Et la rue de Paris applaudit, c'est une scène incroyable. Les piétons sont en joie. Jusqu'à la boulangerie, bien plus loin. Un client entre et me dit : « Tu l'as retrouvé ? » Oui.

Le sac volé, restitué, m'évoque une métaphore du vivre-ensemble, mais surtout du vivre-avec, du hasard et de la nécessité. Je me dis : Anne Sylvestre explorait le sens parfois contradictoire des mots. Rien dans ses chansons n'était jamais ni tout blanc ni tout noir – sauf peut-être, comme on l'a déjà vu, son féminisme, qui ne signifiait pas l'absolution des idiotes. Le vol aussi, c'est la vie. La mort, les croyances, la vacuité. Mais l'injustice, l'arbitraire, la terreur ? Faudrait-il créer une catégorie sans nuances ?

Vendredi 13 novembre 2015, le sol du Bataclan est jonché de cadavres. Les terrasses de café ont plié sous la violence extrême d'hommes armés, au nom d'un Dieu hypothétique. Le milieu de la musique est touché au cœur. Le saxophoniste Michel Portal se confie au *Monde :* « En Algérie, où j'ai été mobilisé comme tous ceux de mon âge pendant vingt-sept mois, ça m'avait frappé. C'étaient les dancings qui étaient attaqués à la fin du bal. Il suffit d'entrer, d'arroser et de filer par le côté. Je me souviens du petit "bando" juif du dancing, à Alger, un formidable bandonéoniste : "Ça ne me plaît plus, Michel, de jouer ici, Michel, j'ai peur." Un soir, il s'est fait tuer. C'est de ça dont ont peur les musiciens. » Et qui attaquait les dancings pendant la guerre de libération de l'Algérie ? Les deux côtés, les libérateurs et les colons. La nuit du 13 novembre, la chanteuse de raï Chaba Fadela a pleuré. Contrainte de se réfugier en France en 1995 avec ses enfants parce que menacée par le GIA en Algérie, elle revit alors un cauchemar. « À l'époque, les intégristes avaient visé les artistes, les symboles. Aujourd'hui, les mêmes mafieux tuent une culture. »

Un peu plus tard, Bernard Lavilliers écrit une magnifique chanson, « Vendredi 13 », parue en 2017 :

« *Les mercenaires du Diable, pantins noirs au captagon* » qui « *vident leur néant sous les néons* ». Et puis ce « *sang noir sur du velours* ». En 2018, je commence un travail avec le bandit stéphanois, et je passe parfois de la rue de la Réunion, chez Anne, au Mécano, le café favori de Lavilliers. Deux rhums vénézuéliens plus tard : « Si les gens oublient d'une façon forcenée leur passé, ils vont être obligés à le revivre. Même le pire. On a vu qu'il en fallait peu, une agression, un crétin, un déjanté, pour rallumer le nationalisme allemand, qui, dans le fond, n'était pas très éteint… »

Lavilliers passe du gibet de Montfaucon à l'Inquisition ou à la Commune. « Au gibet de Montfaucon, on pendait les voleurs ou les opposants, à Paris, dès la guerre de Cent Ans. On laissait les condamnés, décapités, parfois démembrés, sécher sur place. » Villon en a fait un poème, « La Ballade des pendus ». Il s'adresse aux bourgeois par la bouche des morts. « *Frères humains qui après nous vivez, / N'ayez les cœurs contre nous endurcis, / Car, si pitié de nous pauvres avez, / Dieu en aura plus tôt de vous merci /* […] *Ne soyez donc de notre confrérie / Mais priez Dieu que tous nous veuille absoudre !* »

Lavilliers poursuit sa chasse aux anges noirs en citant « le régime de Vichy, les paramilitaires des SA, et tous ces Français qui s'étaient mis au service de la Gestapo : “ *À Vichy aux chemises brunes – Liberté / C'était dans les années sombres.* ” Des petites frappes qui passent du droit commun au politique, puis au statut de martyrs, avant d'aller chez Satan. Des mercenaires SA, des mercenaires éliminant la Commune. Des mercenaires au Bataclan. Des mercenaires, il y en a eu sous la royauté, sous Napoléon et il y en a encore. Donc les guerres ne concernent pas le peuple en premier lieu, mais c'est pourtant là que se recrutent les victimes ».

Dans les jours après les attentats, Montreuil et l'Est parisien, comme tant d'autres, sont tétanisés. Le dimanche, il y a foule au marché de la Croix-de-Chavaux. Mohamed, le fleuriste, n'a pas l'esprit aux soldes et ne fait aucun rabais sur les marguerites. Il a le sourire crispé. Les dames de l'association malienne vendent des acras sans plaisanter comme à l'habitude. « Ça plombe », dit une cliente. Le commerce va son train. La mixité des quartiers populaires place la boulangerie bio au milieu des étals de légumes pour couscous, pains de maïs et bouquets de menthe. La marchande de légumes raconte comment sa grand-mère a supporté la guerre de 40 dans la Somme.

À Montreuil, les conversations tournent autour de la voiture noire des terroristes qui vient d'être retrouvée à deux pas de la piscine Maurice-Thorez, à cent mètres du marché. Dans la rue, photographes et cameramen forment un bloc autour des éclats de verre d'une vitre brisée – la voiture immatriculée en Belgique a été évacuée. Ils trouvent encore des voisins pour leur raconter comment ils ont été exfiltrés la nuit passée, l'arrivée des policiers, l'homme en blanc, calme, courageux, qui a délicatement prélevé le sac où étaient cachées les armes... Eux sur la terrasse du loft.

La communauté maghrébine fait profil bas, Anis l'épicier de la rue de Paris ne dit rien, puis dit oui, quand on exprime une crainte : oui, on va encore les montrer du doigt. Le lendemain, Bono, le leader de U2, vient au Bataclan déposer une gerbe de fleurs. Au Metropolitan Opera, à New York, Placido Domingo entonne *La Marseillaise* devant un public chantant debout. À Stockholm, Madonna interrompt son concert pour une minute de silence. « J'ai besoin de prendre un moment pour évoquer la tragédie, le carnage tragique, ces assassinats, et la fin absurde de vies précieuses hier soir à Paris. C'est exactement ce qu'ils veulent : nous réduire au silence. Nous ne nous laisserons pas faire. » Anne Sylvestre aurait pu faire des déclarations, bien que ce ne soit pas son genre, ou, plus tard, écrire une chanson. Mais l'histoire l'a encore une fois rattrapée.

Comment décrire le chaos du Bataclan ? C'est un carnage. Encore un. On ne peut pas le raconter. Et d'ailleurs, je n'y étais pas ce jour-là, la semaine précédente oui. Le Bataclan reste inscrit en moi à jamais. Ma consœur Stéphanie Binet, chargée des musiques urbaines au *Monde*, chope Didi, responsable de la sécurité, qu'elle connaît de longue date pour avoir arpenté les concerts de rap et de soul. Didi sauva tant de vies ce jour-là. En préambule de l'interview publiée le 18 novembre 2015 dans *Le Monde*, la journaliste précise qu'il « ne fanfaronne pas », qu'il ne s'est jamais senti l'étoffe d'un héros :

> « Je suis encore sous le choc, explique cet Algérien de trente-cinq ans, pas vraiment baraqué, mais

pratiquant des sports de combat. Je pense aux gens qui sont morts, à ceux qui ont vécu un calvaire pendant deux heures, et à ces personnes qui sont encore entre la vie et la mort. » Il ne dévoilera pas son nom ni celui de ses cinq agents… Il parle calmement, avec sang-froid… Il veut raconter son métier : agent de sécurité dans une salle de concert, pas soldat, pas membre du GIGN, juste videur. Celui qui accueille le public un peu chahuteur des concerts de rock, de rap ou d'électro. Titulaire d'une licence en administration et gestion des entreprises, Didi travaille au Bataclan depuis 2004, y a vécu des soirées mouvementées, mais jamais comme celle du 13 novembre.

Alors que le concert des Eagles of Death Metal a commencé depuis trente minutes, il est le seul agent présent ce soir-là devant les barrières de sécurité à l'entrée du Bataclan. Il discute avec quelques clients qui fument une cigarette… Ses cinq employés sont placés dans d'autres endroits stratégiques de la salle.

Six agents, avec le responsable de la sécurité, c'est le nombre requis par la production pour ce genre de concert rock, bon enfant, où le public est venu en couple, ou entre amis. Trois agents sont placés sur le devant de la scène. Herman surveille sur la gauche l'accès aux loges et à une première issue de secours. Laurent est placé dans l'espace entre la scène et le public. Ce soir-là, c'est rock'n'roll, et certains spectateurs aiment slamer (se laisser porter par la foule). La production a donc demandé qu'une barrière sépare les musiciens du public pour récupérer les slameurs et les empêcher de monter sur scène. Steve surveille l'accès à la loge côté droit. « JP » est placé dans les toilettes, entre celles des filles et celles des garçons, devant une autre issue de secours. « J'en place toujours un là en cas d'évacuation d'urgence », explique Didi. Noumouké, lui, fait des allers-retours entre la fosse et le hall d'entrée, où se trouvent le vestiaire et la billetterie.

Et puis, il y a Manu, employé du Bataclan depuis vingt ans, qui attend toujours les retardataires pour prendre leurs tickets. La routine, et bientôt le cauchemar : « D'un seul coup, j'ai entendu des coups de feu qui venaient du Bataclan Café, à l'extérieur, raconte Didi. J'ai sursauté, regardé vers la terrasse, vu un membre de la production être touché et, là, j'ai compris tout de suite. Je n'ai pas attendu que les tireurs se retrouvent face à moi. Je suis rentré à l'intérieur en hurlant : "Vite, vite, entrez, ça tire." Ils nous ont visés une première fois, les portes vitrées ont explosé. Avec Manu, sans se concerter, on a couru vers les issues de secours. Lui est allé ouvrir celle à l'étage, moi je suis allé vers les toilettes. »

Il envoie à son agent placé devant cette issue une première vague de spectateurs puis retourne dans la salle pour aller ouvrir celle de la loge, à l'extrémité de la fosse. Mais il est trop tard : les trois terroristes ont déjà commencé leur entreprise de mort. Didi plonge au sol dans la foule, à quinze mètres de son objectif. Herman et Steve sont sortis par l'issue de secours de la loge. En faisant le tour du Bataclan, ils viennent aider JP à secourir les premiers blessés. Noumouké est à l'étage avec le régisseur et fait monter des spectateurs par le toit. Laurent s'est réfugié dans la loge, côté droit, avec quatre blessés.

Allongé au sol, le responsable de la sécurité essaie de calmer ses voisins paniqués, éteint son talkie-walkie pour ne pas être repéré et écoute avec consternation le discours des terroristes sur « les frères en Syrie » et la « faute de Hollande ». « Je me suis dit : mais qu'est-ce qu'ils viennent nous faire chier avec leurs conneries dans un concert de rock ? En les entendant tirer à bout portant sur les gens, j'ai compris qu'ils allaient exécuter tout le monde. À chaque coup de feu, on avait une chance sur trois d'y passer. Je devais être le seul dans la foule à connaître la sortie de secours. Il fallait que je montre le chemin. » À la première recharge, il n'hésite pas : « Je me suis levé, et j'ai crié : "Vite, sortez." Une masse s'est levée, m'a suivi et, là, ils ont recommencé à nous tirer dessus. » À la sortie, des étudiantes d'une cité universitaire voisine du Bataclan l'aident à secourir une trentaine de personnes, dont des blessés.

Didi fut un héros. Mais pour Baptiste Chevreau, accoudé au bar, à l'entrée de la salle, il n'a rien pu faire. Baptiste n'a pas souffert, il fut l'un des premiers morts du Bataclan, abattu de deux balles dans le dos.

Bientôt, on relève le nom des morts de la salle de concert et des terrasses de café. *Le Monde* publie la nécrologie de chaque victime, avec leur photo. Et parmi elle, celle-ci, rédigée par Laurent Telo, accompagnée de la photo d'un jeune homme heureux, guitare en bandoulière.

> Baptiste Chevreau avait vingt-quatre ans quand il est tombé sous les balles des terroristes au Bataclan. Baptiste avait deux passions pas forcément compatibles si on veut les pratiquer au même moment : la cuisine et la musique. La première se déclinait de façon très épicée. La seconde, la plus essentielle, était atavique. Baptiste Chevreau était le petit-fils de l'auteure et chanteuse à texte Anne Sylvestre, qui a bercé toute oreille normalement constituée à un moment précis et nostalgique de son existence.
>
> Mais cette précision généalogique n'est pas le plus important. Baptiste était lui-même musicien et, comme dit sa mère Philomène, « la vie de Baptiste était guidée par les sons ». Depuis toujours, il les collectionnait, les répertoriait, les archivait, les étiquetait. Il avait, par exemple, enregistré le bruit caractéristique du grincement de la porte de sa chambre d'enfant. Pour en conserver une trace mémorielle.
>
> Il était aussi passionné de guitares, qu'il collec-

tionnait. D'ailleurs, pour sa professeure de musique, « Baptiste, c'était une guitare et un sourire ». Des guitares folks, des guitares électriques, des basses, des ukulélés. Il était passionné au point d'en disséminer un exemplaire au domicile de ses meilleurs amis pour être toujours certain d'en trouver une. Ses goûts étaient tout aussi éclectiques. « Du classique, du rock, du jazz, il aimait le guitariste de flamenco Paco de Lucia, la chanson française, et même aussi des trucs bizarres, détaille Antoine, son meilleur ami. Il en écoutait toute la journée. » À son enterrement a été jouée une adaptation acoustique de « Stairway to heaven » (que l'on peut traduire ainsi : « Escalier vers le paradis ») par le duo de guitaristes mexicains Rodrigo y Gabriela. L'une des chansons les plus mystiques et les plus puissantes de Led Zeppelin. « Ce qui lui correspondait bien », dit sa maman.

Naturellement, la musique était devenue le but et le moyen de son existence. Des études de guitare, mais aussi un BTS « gestion-administration » qui le destinait à devenir éditeur musical. Un métier qui consiste à gérer et défendre l'exploitation des droits musicaux des artistes. « Il avait un grand projet qui était, entre autres, la sauvegarde de l'œuvre de sa grand-mère », précise Philomène. Mais il ne perdait jamais la main. Que ce soit avec ses potes ou pour accompagner en concert sa sœur Clémence Chevreau, alias Mèche, qu'il avait contribué à lancer sur la grande scène. Il était arrivé à Paris en 2010 mais retournait plonger dès qu'il le pouvait dans son grand bain sonore favori, celui des bruits bucoliques de son Yonne natale. À Vézannes, un village de cinquante habitants près de Tonnerre.

« Il est enterré près de la maison qu'il aimait tant, rapporte sa maman. Il démarrait juste sa vraie vie d'adulte. Il a été fauché en plein vol. Comme tous les autres. » Baptiste venait d'emménager dans un nouvel appartement parisien avec sa compagne, Clara, qui a voulu témoigner ainsi : « C'était un compagnon aimant et attentionné, attentif aux moindres maux. Une épaule d'une douceur inégalée, et prêt à tout pour me rendre heureuse. »

Anne Sylvestre se tait. Mutique, encore une fois. Les parents de Baptiste constituent une association afin de récolter des fonds pour la rénovation du vieux kiosque à musique du centre de Tonnerre, qu'il aimait.

Il faut en parler, rue de la Réunion, trois ans ont passé. Anne me dit : « Tu sais, c'est une destinée. Il y a des trucs dans les généalogies. Avant moi, dans la famille de mon père, il n'y avait pas de filles. Quand il y en avait, elles mouraient. » Donc, chez les Beugras, les filles, bof… « Mais à partir du moment où j'ai été là, il n'y a eu que des filles. Mon frère Jean a disparu, je l'ai attendu tout le temps, je l'attends encore. Mon autre frère Paul meurt en avril 1962. Puis mon père en janvier 1963. J'ai eu deux filles, et puis il commence à y avoir des garçons par-ci, par-là dans la famille. Et voilà que le seul de ma lignée nous est enlevé au Bataclan. »

Je me rappelle un voyage au Bénin, à Ouidah, épicentre de la religion vaudoue – un mot d'origine fon qui désigne « ce que l'on ne peut élucider, la puissance efficace », l'esprit, le vent, la respiration, le son, le non-dit, le non-visible, le non-fixé.

L'arbre généalogique fon est matérialisé par la chambre des assins, des figurines en métal de chaque défunt ayant participé à l'édification de la famille et représenté par son métier, un tailleur et sa machine à coudre, un cultivateur avec sa houe, etc. Le tout pour nous rappeler nos ancêtres. À la naissance de l'enfant, la mère doit y passer sept jours pour une fille, neuf pour un garçon, afin de lui trouver un guide spirituel ici-bas.

Chez les Beugras, il y aurait des charrues, des bateaux, des aiguilles de couture, des oriflammes et des calicots, et deux guitares. Une lignée bourguignonne, une famille française, les deux pieds dans le terroir, mais avec ses fractures. Selon les généalogistes, Beugras, ou Bœuf-Gras, signifie « fort comme un bœuf ». Première trace : Antoine Beugras, début du XVIIe siècle, laboureur dans la région de Saint-Vallier (Saône-et-Loire, proche de Montceau-les-Mines). Vers 1629, il épouse une Bourguignonne, dénommée Beaujard ou Baujard. Au XVIIIe siècle, les Beugras sont cultivateurs au château de Marigny.

Génération suivante : le grand-père d'Anne, Louis Beugras (1874-1955), modeste ajusteur, gravit tous les échelons et devient directeur des Chantiers navals de Saint-Nazaire. Il épouse en 1897 Marie Claudine Berger (1875-1945), une jeune couturière de Lyon, fille de deux des bâtards enfantés par des « filles mères ». *Exit* les pères. En février 2008, Éric Chevillard écrivait dans *Le Monde :* « On aura beau me citer Bossuet ou Buffon, l'expression [écrivain bourguignon] prête à rire. L'écrivain bourguignon semble condamné à écrire des romans intitulés *Le Sang des vignes* ou *La Tourte aux escargots*. Il n'est pas crédible. On lui concédera au mieux une malice de paysan madré. Il rougira du compliment sous sa moustache en tordant son tablier entre ses grosses pattes. » La lignée maternelle est plus simple : les Lidolf sont ancrés à Sausheim (Haut-Rhin), à quelques kilomètres au nord de Mulhouse. Albert Beugras a épousé Alice Lidolf en 1924. Anne, poétesse bourguignonne, avait écrit avec élégance sa généalogie en 1974 dans *« Portrait de mes aïeules »*.

Anne Sylvestre, qui aurait pu prétendre au Père-Lachaise ou au cimetière du Montparnasse, a choisi de rejoindre le caveau familial de Saint-Eusèbe, en Saône-et-Loire, entre Le Creusot et Montceau-les-Mines. Elle est enterrée aux côtés des Beugras, dont son père Albert. Quand elle parlait de son petit-fils tombé sous le feu des djihadistes, bêtement attiré dans le piège d'une salle parisienne par un sous-groupe de rock anglo-saxon, Anne entortillait ses mains, larges, fortes, consistantes.

Son petit-fils a été assassiné. Mais la petite fille qui

pleurait beaucoup ne s'épanchera pas. Le chagrin est intime. L'accablement, profond. Elle déserte sa chambre des *assins*, comme si la chaîne pouvait se casser. Et puis, elle a des concerts, des disques à faire, des applaudissements à recevoir. C'est normal, elle est chanteuse. Mais elle se mine. Chez elle, en bougonnant presque, les yeux perdus, elle me dit qu'il n'y a pas de hasard, que les choses cachées derrière les drames prennent de la place, tellement de place.

Le vendredi 13 novembre 2015, Anne Sylvestre reçoit une transfusion sanguine à l'hôpital. À la sortie, en début de soirée, elle passe en voiture devant le Bataclan. C'est irrationnel, mais tout est irrationnel dans cette horreur. Baptiste meurt dans le sang. « Sang pour sang », me dit-elle, gênée, mais il est si important de le formuler ! « Et où est-ce arrivé ? Au Bataclan, où j'avais chanté " Calamity Jane ", avec un flingue, et d'après ce que l'on a dit, à la place où il est tombé, au bar. Tu ne peux pas non plus ne pas penser à un destin. »

En juin 2021, avant l'ouverture du procès des attentats de novembre 2013, où tout sera redit, les morts, les vivants dessous, le tri des blessés, Philomène Petitjean, fille d'Anne, publie *Si ton âme en partant…*, un long dialogue posthume avec son fils Baptiste, tombé sous « deux balles, deux balles qui t'ont traversé et ne t'ont laissé aucune chance ». Le titre du livre évoque une chanson enregistrée par sa mère en 1994, *Si mon âme en partant…* Dans cette sorte d'inventaire testamentaire intime, où figure « *le rire de Baptiste écla-*

boussant le ciel », Philomène écrit les souvenirs et l'enfance de son fils, comme « Nanie », Anne, revenant de ses tournées les bras chargés de cadeaux et de souvenirs. « Quand elle était chez elle, écrit Philomène, vous communiquiez beaucoup par fax. Clémence et toi, vous lui envoyiez des dessins, et elle vous répondait avec des petits mots, des petites histoires, que je vous lisais le temps que vous appreniez à lire… »

En italique, sur des pages intermédiaires, Philomène raconte le 13 novembre 2015. « Je suis à Paris, chez Maman. La soirée est douce. Calme. On vient de sortir la piste de dés, il y a longtemps qu'on n'a pas joué. 21 h 50, Patrick [le beau-père de Baptiste] appelle sur mon portable : "Tu as entendu ? Tu es au courant ? Ça craint à Paris." »

Baptiste est déjà mort, ils ne le sauront que vingt heures plus tard. Pendant deux jours, il disparaît, introuvable, corps perdu comme celui de son oncle Jean. Anne Sylvestre entre dans une sorte de sidération. Elle se tait. Taciturne. Blessée. Philomène écrit *Si ton âme en partant…*, offert contre l'oubli. Anne baisse la garde. Elle accepte le cadeau. Car, au départ, « il n'est pas certain que ma sœur ait aimé qu'on en parle dans un livre », me précise Marie Chaix. La romancière a épinglé sur le mur de son bureau le portrait de ses parents tout juste mariés, Alice, rieuse, Albert, en tenue militaire, un beau brun, un jeune mec au regard droit, intelligent et volontaire. Et puis, elle me montre les cahiers d'écolier que son père a rédigés en prison. « Je ne peux pas vous dire si c'est la vérité. Il a sans doute réécrit l'histoire, son histoire. » Comment écrire l'histoire ?

Philomène Petitjean devait-elle aller témoigner au « procès hors norme » des attentats du 13 novembre ? Pour quoi faire ? Pour dire quoi ?

13

Bêtes à bon Dieu

Je me demande ce qui poussait tant Anne Sylvestre à dénigrer son ouvrage, elle qui ne doutait pas un instant de la valeur de ses œuvres. D'où vient ce sentiment si puissant de culpabilité ? Pourquoi nous accable-t-il ?

« Bénissez-moi, mon Père, parce que j'ai péché » : toute mon enfance, je suis allée à confesse, pour plaire à ma grand-mère Irène. Je m'appliquais à la sagesse et, en guise d'acte de contrition, je jouais la pieuse, communion solennelle redoublée, cierge tenu droit, les yeux fermés pendant la prière, communion et hostie. Exemplaire. En fait, j'avais froid. J'avais un creux à l'estomac, j'attendais l'heure du pain béni (brioche, dans mon église de campagne). Comme Anne, bien avant moi, j'observe mes camarades bigotes. Certaines sont de redoutables accusatrices, d'autres affichent des craquellements dans le vernis. Il faut se méfier des apparences. Anne Sylvestre avait écrit « Maman elle est pas si bien que ça » en 1977, encore un hymne féministe : « *Maman elle est pas si bien qu'ça / C'est pas*

Thérèse d'Avila / C'est loin d'être la Sainte Vierge / Ça ne l'amuse vraiment pas / Vos précautions et vos gamberges / Vos silences au bruit de ses pas / Ce qu'elle veut c'est pas des cierges / Votre respect lui reste là. »

Mon oncle écoute du jazz et crie à l'hypocrisie. Ce fils cadet, dont Irène avait voulu faire un curé en l'envoyant en pension à Saint-Joseph-du-Montcel, dans l'Oise, en était revenu cabossé. Il n'a jamais dit pourquoi. Même après sa mort, et avec toutes ces histoires de curés pédophiles, la famille s'interrogeait encore au repas du dimanche. Des faits récents, « le scandale pédophile de l'Église », réactivent les souvenirs de ma tante quant à cet épisode de la vie de son frère, mais, à quatre-vingt-quinze ans, dont quatre en EPHAD, elle a la mémoire légèrement fléchissante.

À l'adolescence, le rituel de confesse me devient insupportable. À genoux dans la pénombre : « Bénissez-moi, mon Père, parce que j'ai péché. » Et à chaque fois, les formules : « Mon Père, je ne me suis pas confessée depuis… J'ai reçu l'absolution. J'ai accompli ma pénitence. Mon Père, je m'accuse de… » Personnellement, si je porte en moi le poids constant d'une faute originelle, je n'ai aucune conscience des péchés présents. Alors je récite les péchés capitaux, ou presque (j'exfiltre la luxure, trop complexe quand on a dix ans) : « J'ai été gourmande, j'ai menti, je me suis mise en colère. » Je ne détaille pas. Rien qu'à l'énumération, je devrais filer en enfer. Mais surtout, je ne me souviens pas des faits, et, eux, ceux de l'Église, ils le savaient bien quand ils ont rédigé la notice. « Mon

Père, je m'accuse de tous ces péchés, de tous ceux dont je ne me souviens pas, de tous ceux de ma vie passée, en particulier de ceux que j'ai commis contre… » Contre ?… J'ai un gros blanc. « J'en demande pardon à Dieu et à vous, mon Père, pénitence et absolution, si vous m'en jugez digne. Jésus, Fils de Dieu Sauveur, prends pitié de moi, pécheur. Amen. »

L'autre, le type en soutane, et plus tard en complet noir avec col blanc – je ne vois pas son visage derrière les treillis en bois du confessionnal –, me répond : « Que la passion de Jésus-Christ, notre Seigneur, l'intercession de la Vierge Marie et de tous les saints, tout ce que vous ferez de bon et supporterez de pénible contribuent au pardon de vos péchés, augmentent en vous la grâce pour que vous viviez avec Dieu. Allez dans la paix du Christ. Amen. » J'ai quatorze ans, j'ai encore cédé à ma grand-mère. Mais je craque. Agenouillée et non repentante (j'ai flirté avec mon voisin), je hurle au curé, estomaqué : « Je vous préviens, c'est la dernière fois, la dernière fois, que je me confesse. C'est terminé, c'est ridicule. »

Dans la foulée, mon oncle, devenu anticlérical moqueur, m'emmène en douce chez le coiffeur, et je coupe ces cheveux très longs, fierté maternelle, qui m'avaient valu d'être choisie par le curé pour jouer le rôle de Marie-Madeleine, prostituée délivrée de sept démons, devenue disciple en chef de Jésus. Je voulais incarner Véronique (*vera icona*, la « vraie image », j'adorais !) qui, à la sixième station de la Passion, essuie le visage du Christ avec son foulard. Le geste est beau, et il apporte une preuve matérielle de l'affaire, le saint suaire. Le cheveu à la garçonne, je passe à l'ultragauche, avec fougue, appétit et foi.

Ma grand-mère râle, mais elle m'aime quand même. Elle classe ma trahison dans une catégorie intermédiaire dans la gamme des péchés catholiques : les mortels, éligibles au pardon, contrairement à cette gourmandise qui me pousse à avaler présentement et sans mesure une salade avec olives, l'un des sept péchés capitaux, les trop, trop, trop graves. Tout le reste de mes manquements ira dans la rubrique « péchés véniels », ces infractions quotidiennes qui méritent un simple redressement judiciaire face à Dieu, mais nous laissent ainsi sous surveillance constante.

Ah ! Nous les catholiques, nous avons tant puni ! Les Juifs bien sûr (ils ont tué le Christ), et puis nous, pauvres pécheurs, adorant les cilices, la pénitence, les bûchers, les autodafés, nous pardonnant au passage par confession, contrition, absolution. Bref, nous sommes pécheurs par nature. Et nous les femmes, plus encore. En conséquence, Anne-Marie Beugras sait qu'elle n'a pas fait exprès d'avoir un père déviant, mais elle se met quand même au coin. « Honore ton père et ta mère », dans le cas contraire le couperet tranchera (péché mortel).

Quel combat ! Celui de l'ébranlement par le doute opposé à la certitude de son destin ; celui de la culpabilité face à l'amour de soi. Voici les femmes épinglées « au centre du motif », une rosace de cathédrale où l'on nous tient prisonnières, nous les Vierges, les Madones.

Voici les femmes accrochées en médaillon, objets d'une adoration faussée qui les piège et en fait des servantes. Si l'on n'y prend pas garde, « *le tissage s'éraillera / se défera la belle ouvrage / peut-être alors serai-je sage / peut-être alors serai-je moi* ». Fin de la chanson, « Le Centre du motif », composée en 1974, pour l'album *Comment je m'appelle.*

Elle s'appelle Anne-Marie. Anne, la mère de Marie, engrossée tardivement par le berger Joachim, venu sacrifier ses moutons devant le Temple de Jérusalem. Et puis Marie, la mère de Jésus. Au bout de la chaîne, là entre Alsace et Bourgogne, les enfants Beugras portent des prénoms catholiques de première ligne : Jean, Anne-Marie, Paul et Marie-Claude, réduit à Marie tout court, la cadette.

Pour Anne Sylvestre, l'équation se complique au fil du temps. Incapable de bouffer du curé, elle cherche à séparer le bon grain de l'ivraie. « J'ai été élevée à l'école catho, chez les scouts, j'y ai été heureuse et je détesterais m'en moquer si tel n'était pas le cas », disait-elle. Après la condamnation du père, Anne-Marie et Marie, les deux sœurs, entrent à l'Institution Saint-Pie X de Saint-Cloud, tenue par des dominicaines, où elles resteront sept ans. Elles sont protégées par une religieuse d'exception, mère Marie-Dominique, « très belle, visage sculpté dans la pierre », décrit Marie Chaix. Des parents d'élèves demandent l'exclusion des « filles du traître ». En vain. « Elles m'ont sauvé la vie, vraiment », m'avait répété plusieurs fois Anne Sylvestre.

« Elles », ce sont ces « autres » catholiques, des personnes exemplaires, cathos de gauche, prêtres ouvriers, théologie de la Libération, que l'on retrouve dans tous les mouvements engagés du XXe siècle, aux côtés des pauvres, des parias, des différents. En 1976, cinq ans avant l'abolition de la peine de mort en 1981, Georges Brassens écrit « La Messe au pendu », un curé qui s'oppose à la pendaison d'un condamné : « *Quand la foule qui se déchaîne / Pendit un homme au bout d'un chêne / Sans forme aucune de remords / Ce ratichon fit un scandale / Et rugit à travers les stalles / Mort à toute peine de mort /* [...] *Et maintenant quand on croasse / Nous, les païens de sa paroisse / C'est pas lui qu'on veut dépriser / Quand on crie à bas la calotte / À s'en faire péter la glotte / La sienne n'est jamais visée.* »

À la même époque, Anne Sylvestre écrit « Un mur pour pleurer », chanson abrasive contre un monde confus, où l'on est « télé, télé, si fatigué de penser » ; où l'on n'écoute plus les poètes, les errants, parce qu'ils ne sont pas marrants ; où l'on mélange les accidents, les princesses et leurs prétendants. « Un jour d'interview, écrit Valérie Lehoux pour *Télérama* au lendemain de la mort d'Anne en 2020, il y a une bonne dizaine d'années, on avait tenté : Pourquoi ne reprenez-vous plus sur scène "Un mur pour pleurer" ? Sans surprise, elle avait maugréé. Elle n'avait plus que faire de ce vieux titre, son côté plaintif l'insupportait. » Et pourtant, il n'y avait pas plus contemporain. Dans les années 1970, les églises ne s'étaient pas complètement vidées, on nageait encore dans un fond de sauce chrétien. « *Je cherche un mur pour pleurer /* [...] *On va à la messe au caté / Ou bien on bouffe du curé / Mais on chante en chœur Il est né le divin enfant / On va tous ensemble au muguet quand il est blanc / On est païen païen / Dieu r'connaîtra les siens c'est bien.* »

Trente ans plus tard, les mécréants ont gagné du terrain. À preuve, cette petite blague (contrairement aux juifs, les catholiques n'excellent pas dans cet art, souvent ramené à des considérations salaces sur les curés et les religieuses) : un prêtre sonne chez les parents du petit Pierre, huit ans, qui ouvre la porte. L'homme d'Église dit : « Je t'apporte clarté et lumière. » Pierre, sans attendre, appelle sa mère : « Maman, c'est l'EDF ! »

Alice, la mère, fut, décrit Marie Chaix, une « romantique jeune fille. [Elle] fréquentait les églises, leur mystère sombre et frais la faisait frissonner. Elle avait été une ravissante communiante, cils baissés, poignets serrés dans des gants de peau blanche ». Puis elle tomba amoureuse d'Albert et fut « une douce mariée ». Elle qui n'était pas bigote le devint, avec ardeur, deux ans avant le procès du père, allant à la messe tous les jours de bon matin. Ce refuge dans la piété donnait aussi le change aux cancaniers de Suresnes, où la famille vivait avec leur bonne et amie Juliette, dans un quartier très pieux, écrit encore Marie Chaix. « La charité des Suresnois étendit sur nous son manteau. » Paul et Anne deviennent scouts. « Ils y trouvent une sorte d'abri. Bien sûr, ils se sentaient en marge, porteurs d'une blessure que tous les baumes chrétiens ne referment pas, mais tout le monde "savait" et se taisait. »

Comment s'y retrouver dans cet héritage foutraque dont le terreau fut ce catholicisme d'avant-guerre, qui fleurait bon le terroir, la soutane, la race ? Il fut le lit du malheur politique de la famille. « Quand [Marie] m'a finalement parlé de son livre, j'ai été terrorisée. Prise d'une panique terrible. Je me suis sentie démasquée. Depuis toujours, même si je montais sur scène, j'avais un secret, honteux. »

La honte, mais qu'est-ce que la honte, exactement ? Celle qui fait rougir (péché véniel), celle qui avilit (péché mortel), celle qui précède le jugement de Dieu (péché capital) ? Le 6 octobre 2021, alors que l'Église catholique plie sous la sidération devant l'ampleur des scandales pédophiles, le pape François s'adresse au monde depuis le Vatican, lors d'une audience générale : « Je désire exprimer aux victimes ma tristesse, ma douleur pour les traumatismes subis, et aussi ma honte, notre honte, ma honte pour une trop longue incapacité de l'Église de les mettre au centre de ses préoccupations… Je prie, et prions tous ensemble, à toi Seigneur la gloire, à nous la honte. C'est le moment de la honte. » Dans *L'Île d'or*, la dernière création en date d'Ariane Mnouchkine et du Théâtre du Soleil, on pose cette devinette : « Le seul terme absent de la liste des sept péchés capitaux en sept lettres ? "Lâcheté" », répond l'héroïne de la pièce.

Dans les ténèbres de cette religion du morbide, centrée sur la hantise du mal, une culpabilité maladive et l'obsession du sacrifice, Anne trouva son compte : elle apprit à chanter. Des cantiques, des Alléluia, etc.

Olivier Hussenet, du Hall de la chanson, interprète régulier du répertoire d'Anne Sylvestre, précise : « Anne ne parlait jamais de la religion, elle s'exprimait sur le sujet par gestes, par onomatopées, des pff, des bof, des gestes par-dessus les épaules… Elle disait : " Ce qui me reste de cette religion catholique qui m'a beaucoup occupée dans l'enfance et l'adolescence, c'est la musique. " Elle avait tout jeté, tout envoyé bouler. Aux Glénans, elle était encore un peu catho, les cabarets rive gauche ont eu raison du reste. »

Où se situe la rupture de la foi ? En 2017, elle est interviewée par Magali Michel pour l'hebdomadaire chrétien *Le Pèlerin* :

— Pour vous, Jésus, c'est…

— C'était, surtout ! J'ai été élevée dans la religion catholique. Jésus était une façon de cristalliser la bonté, la justice. Il me reste aussi le Jésus de ce chant traditionnel de mon enfance, qui m'intriguait beaucoup : « Le petit Jésus s'en va-t-à l'école en portant sa croix sur ses deux épaules. »

— Votre personnage de la Bible ?

— Moïse, pour avoir ordonné à la mer de s'ouvrir. Cela m'a toujours impressionnée.

— Vous rencontrez Dieu en vrai. Qu'aimeriez-vous qu'il vous dise ?

— Qu'il me fasse des excuses. Et il saurait de quoi je parle.

Première offense faite à Anne (et aux siens) : la disparition de Jean, le frère sans doute tombé sous les bombes en Allemagne. Quand elle apprend la nouvelle, sa mère hurle. Pleure. Se calme. Le corps de Jean n'a jamais été retrouvé, le fils n'a jamais été enterré. Et donc, il est toujours potentiellement vivant. « Elle s'était tue mais elle le cherchait partout, écrit Marie Chaix. Dans les flammes des chapelles ardentes, jusqu'à l'extase, dans les parfums de la terre humide, dans les parfums des cyprès, le long des routes de France et d'Allemagne, au hasard des cimetières blancs et verts. Elle y marchait, chargée de fleurs, s'arrêtant devant les croix qui portaient l'inscription « *Unbekannt* » – « inconnu » –, lançant froidement une fleur et continuant son pèlerinage de l'absurde. Disparu, dispersé. Pourquoi là plutôt qu'ailleurs ? Tous les *Unbekannten* de la terre étaient mes frères. » Des soldats inconnus, des corps perdus, l'impossibilité des rituels, des Unbekannten, des Met Mitzvah…

Lusophone, j'ai lu les romans de José Saramago, et surtout vu *Non ou la Vaine Gloire de commander*, le film de Manoel de Oliveira, à propos des traumas de l'histoire portugaise et ibérique. « *O rei encoberto* », le roi caché, le roi dormant, donné pour mort, mais bientôt paré de toutes les vertus, la première d'entre elles étant la capacité à réapparaître, pour achever le « destin » portugais. Cette fibre profonde du petit Portugal qui sut bâtir un empire *urbi et orbi* a pour nom le sébastianisme, du nom de Sébastien Ier, roi du Portugal (1554-1578).

Le script de l'attente messianique, viscérale et spirituelle, est, dans le fond, toujours le même. Il commence par une défaite. Sûrs de leur toute-puissance, les Portugais partent à la conquête des terres maures. En 1578, à Ksar el-Kébir, au Maroc actuel, ils sont battus à plates coutures par l'armée du sultan Abd al-Malik (qui y meurt). Le scénario se poursuit par une disparition, en l'occurrence celle de la dépouille, ce qui interdit l'enterrement, l'un des rituels qui sont la marque de l'humanité. Les Allemands ont perdu, les nazis ont gazé des Juifs, les cadavres de jeunes combattants habitent encore les décombres.

Jean n'est pas revenu, Dieu n'existe pas. Mais si sa sœur Anne le rencontrait en vrai, il passerait un sale quart d'heure. Parce que cette incertitude a pesé sur toute la famille, des générations durant, et qu'elle s'est cruellement renouvelée quand on cherchait Baptiste sous le monticule de cadavres et de blessés du Bataclan. Et puis, voici le Covid-19, et sa cohorte d'effets collatéraux : privations de liberté, effacement du visage, mesures restrictives, en particulier sur les obsèques. Opposant farouche à ces dispositions, Giorgio Agamben fait entendre une voix discordante. Le philosophe italien a placé au cœur de son travail intellectuel le concept de « vie nue ». La « vie nue », c'est l'opération qui consiste à séparer la vie biologique des autres fonctions : la vie sensitive, la vie intellectuelle, mais aussi la vie politique. Il déclare à *L'Obs* en avril 2020, alors que, à Bergame, les camions militaires emportent encore des cercueils vers la crémation (obligatoire) : « Les morts – nos morts – n'ont pas le droit à des funérailles et on ne sait pas même vraiment ce qu'il advient des cadavres des personnes qui nous sont chères. Nos prochains ont été effacés et il est étonnant que les églises ne disent rien à ce propos. »

Que dit l'Église de la disparition de Jean ? Que dit Dieu ? (Précision philosophique : « Un jour Dieu créa l'homme. Ensuite, pour le remercier, l'homme créa Dieu. ») Ils ne disent rien.

D'ailleurs, en 2011, Anne Sylvestre écrit un « Grand Alléluia », un texte serré, posé sur le chant de liesse de la liturgie chrétienne. « *J'ai vu ces nuages / se transformer là-haut en gouttes d'eau / J'ai vu tous les orages, j'ai reçu au creux des os / Toutes ces eaux / Toutes ces eaux sauvages comme les oiseaux, / J'ai vu toutes les cages / J'ai vu que les cages sont celles bien souvent que l'on attend / J'ai vu que les mirages ne résistent pas longtemps aux mains du vent / du vent qui tout saccage le cœur des vivants / Et leurs pèlerinages / Mais ce n'est pas la joie qui m'accompagne là. / Ahahaha / Tout au bout de mon chant qui me consolera ? / Le grand Alléluia de mon enfance / Oh ne le prenez pas pour une offense / Mais il n'en reste rien / Qu'un écho grégorien.* » Bien sûr, elle appuie, et a la diction pour, sur le « rrrrien ».

Elle n'a jamais enregistré ce chant de pleins et de déliés, mais elle l'a créé sur scène, dans le spectacle *Bêtes à bon Dieu*, conçu en 2010 avec Serge Hureau et Olivier Hussenet – qui dirigent le Hall de la chanson, consacré au patrimoine chanté français. Anne piqua l'esthétique du grégorien, soubassement musical, modal, dystonique, des écritures poétiques millénaires. À charge pour ses arrangeurs, dont François Rauber, de poser des lignes de force en violons, cuivres, guitares, etc. Jeune fille de vingt-trois ans, elle écrivit, quasi selon le mode médiéval, « Les Cathédrales » (« *Ô bâtisseur de cathédrales / D'il y a tellement d'années / Tu créais avec des étoiles / Des vitraux hallucinés / Flammes vives / Tes ogives s'envolaient au ciel léger / Et j'écoute / Sous tes voûtes / L'écho de pas inchangés / Mais toujours à tes côtés / Un gars à la tête un peu folle / N'arrêtait pas de chanter / En jouant sur sa mandole* »). Dès lors, elle fit de la scène le lieu du sacré, et de sa liberté une condition à la vie, éternelle.

Bêtes à bon Dieu fut pour moi un spectacle libérateur, drôle et acide, érudit et débridé, il m'a décoiffée. Anne Sylvestre, que je n'avais jamais considérée de cette manière, y dévoilait la profondeur de nos racines catholiques, que je croyais avoir dégagées depuis longtemps.

Très vite, tout en perdant toute velléité de foi quand elle était jeune fille, Anne-Marie Beugras a aussi compris les dessous des soutanes. D'abord, elle découvre le profond sexisme de la religion catholique. Avec ses propres ouailles : enfants de chœur souillés, religieuses engrossées, qui ont choisi leur « cage » mais pas forcément d'être violées par des prêtres prédateurs. Puis les fondements de la doctrine : la femme vue comme source du mal. En 1979, elle écrit « La Faute à Ève » pour *J'ai de bonnes nouvelles*, son treizième album. Ève a désobéi à Dieu en mangeant du fruit défendu, poussant l'innocent Adam au péché originel. Comment ça finit, « La Faute à Ève » ? Par un ras-le-bol : « *Mais si c'est la faute à Ève / Comme le bon Dieu l'a dit / Moi je vais me mettre en grève / J'irai pas au paradis / Non mais qu'est-ce qu'il s'imagine / J'irai en enfer tout droit / Le bon Dieu est misogyne / Mais le diable il ne l'est pas.* »

Bêtes à bon Dieu est né du hasard (s'il existe). Un jour, en 1998, Serge Hureau croise Anne Sylvestre à l'aéroport de Montréal. Il la fuit, parce qu'on la dit revêche et qu'elle est entourée de ses acolytes de l'Association des amis de la chanson francophone, un groupe quelque peu puritain en matière de musique populaire (exclusion du rap, peur du rock, allergie aux variétés). Mais elle s'approche et lui parle de son spectacle consacré à Charles Trenet qu'elle n'a pas vu, mais dont on dit du bien en terres québécoises – Serge Hureau y a inclus « L'Abbé à l'harmonium », écrite par le Fou chantant en 1971 : « *Chantant nos cantiques / Nous étions p'tits bonshommes / Bercés par la musique d'un bon vieil harmonium / Qui n'était pas électrique / Aussi pour le faire fonctionner / Un ecclésiastique, un Abbé pédalait / Qu'il pédalait bien l'Abbé.* » Elle promet de venir la prochaine fois, elle tient parole, et débarque à Mâcon, où Serge Hureau joue au théâtre Scène nationale *Le Bon Petit Charles*. Puis tous, artistes, musiciens, dînent à l'hôtel.

« Et tout à coup, un truc prend, raconte Serge Hureau. Je chante "La Marche des jeunes", un Trenet de 1941, et qui lui valut d'être estampillé "pétainiste". "*Ah ! Qu'il fait bon d'avoir notre âge ! / Ah ! Qu'il fait bon d'avoir vingt ans / Et de marcher le cœur content / Vers le clocher de son village.*" En fait, c'est un chant scout. »

Anne lui demande alors s'il connaît le répertoire des cantiques. « Oui, mon père est catho, ma mère pas du tout. Mon père nous faisait chanter dans des chorales. Ma mère veillait : " est-ce que vous n'avez pas fait des choses qui portent atteinte à votre liberté ? " J'avais sept ans. Elle insistait : pour elle, l'Eucharistie était affaire d'anthropophages, et moi je pensais avec frayeur que le que " Seigneur " s'écrivait " Saigneur ". »

Dans la nuit bourguignonne, ça rigole bien. « On se met à chanter des cantiques en buvant des coups, le directeur descend, dit : " Ça suffit, ce tapage ", et Anne qui aimait bien lever le coude : " Ce n'est pas du tapage, ce sont des cantiques ! " Et nous voilà repartis : " Au ciel, au ciel, au ciel. " Et on se marrait. Elle me dit : " Si tu retravailles là-dessus, tu me fais signe. " »

Dix ans passent. Serge Hureau décide de reprendre ses souvenirs tirés des manuels de messe qu'il avait collectés, et construit *Les Habits du dimanche*, un spectacle de chants chrétiens, écrits sur des airs de chansons profanes, destinés à « animer le petit peuple de la nef ». En 2009, il chante à Marseille, Anne aussi. Ils se croisent, à l'hôtel, encore. La ville jurassienne de Dole vient de passer commande au Hall de la chanson pour un récital patrimonial à l'occasion de la célébration des cinq cents ans de la collégiale. « J'avais accepté parce que la plupart des cantiques populaires français sont à l'origine des chansons. Anne vient nous voir travailler et de suite, s'y intègre. Nous commençons une création commune, *Les Bêtes à bon Dieu*. Ce qui l'intéressait, c'était le culte des garçons, ces anges qui ne sont jamais des filles. On commence à tricoter un spectacle de cantiques et de ses chansons. Elle interprète "Une sorcière comme les autres", assise sur une chaise, elle devient alors une pietà, elle incarne la honte des dessous de l'Église. »

En concevant *Bêtes à bon Dieu*, Anne Sylvestre et Serge Hureau dessinent un parcours du XIVe siècle (*Puer Natus*) aux arrangements yé-yé dont ont été affublés les cantiques quand il a fallu abattre la langue officielle de l'Église au nom de la modernité.

L'Église n'a pas toujours l'âme triste. Les anticléricaux sont coquins, les mystiques torturés, et *Bêtes à bon Dieu* rétablissait les correspondances entre ces mondes consanguins. Souvent, l'Église a habillé ses chants de messe de musiques populaires, pour mieux emporter l'adhésion des fidèles; souvent, la chanson s'est incurvée vers la supplique et a mordu sur la dimension religieuse (l'idolâtrie). Au détour de cette drôlerie, du Pierre-Jean de Béranger (1780-1867, chansonnier gagné à la cause du peuple, et emprisonné pour cela), de la littérature, du Racine collé sur un air grégorien, du Fénelon sur Pergolèse. Et puis un prémonitoire Théodore Botrel (1868-1925, Breton auteur de « La Paimpolaise »). En 1906, il écrit l'histoire du *Petit Grégoire*. Grégoire, chassé de partout, parce que trop petit, est happé par la guerre dans les Cornouailles, prend une balle entre les deux yeux, il est refoulé par saint Pierre. Dernier couplet: « *Mais, en apprenant la chose, / Jésus se fâcha / Entrouvrit son manteau rose / Pour qu'il s'y cachât; / Fit entrer ainsi Grégoire / Dans son Paradis, / En disant : "Mon Ciel de gloire / En vérité, je vous le dis, / Est pour les Petits / Dame, oui."* » Le petit et le manteau rose, Anne était pliée de rire.

En fait, avec la religion, elle s'est toujours bien amusée, en composant par exemple, en 1969, « La Plate Prière » (« *Seigneur délivrez-nous de ces filles sans fesses / Qui regardent les nôtres avec réprobation / Seigneur délivrez-nous de ces tristes drôlesses / Ou donnez-nous au moins quelques compensations* »), et on n'a pas fait mieux en la matière (dans la critique de la rivalité féminine). Anne reprenait les « Regrets d'une punaise » et son mot d'ordre : « *Ah rendez-nous notre harmonium / Ça avait du style et ça berçait les hommes.* » Ce qui nous renvoie encore à Brassens, qui publie « Tempête sous un bénitier » en 1976 : « *Ils ne savent pas ce qu'ils perdent / Tous ces fichus calotins / Sans le latin, sans le latin / La messe nous emmerde.* »

Pourtant, Anne Sylvestre ne décolérait pas devant le refus de l'Église catholique de se réformer en profondeur. Les femmes ne pouvaient pas être prêtres, et c'était pour elle le signe d'un dysfonctionnement majeur. L'histoire de la chrétienté était parcourue par des personnages féminins puissants, telle sainte Thérèse d'Avila, dont *Bêtes à bon Dieu* reprenait un poème, adapté au tout début du XVIIIe siècle par le poète Bernard de La Monnoye : « *Je vis mais sans vivre en moi / Et mon espérance est telle / Que je meurs de ne pas mourir / Je vis déjà hors de moi / Depuis que je meurs d'amour / Car je vis dans le Seigneur / Qui m'a voulue pour lui / Quand je lui donnai mon cœur, / Il y inscrivit ces mots : / Je meurs de ne pas mourir…* » « Elle a été le premier docteur et Père de l'Église femme », commentaient Anne Sylvestre et Serge Hureau, en sororité avec ces femmes, ces bêtes à bon Dieu, désirées et vite bannies, au cœur du système religieux.

Goguenarde, irrévérencieuse, joyeuse et bonne camarade à l'égard des artistes de la troupe, la chanteuse offrait son thé, de la marque Vasco de Gama. À la pause, un jour de répétition de *Bêtes à bon Dieu*, elle a une idée. Elle rit aux éclats et s'émeut : « Moi, si j'avais été comme les enfants de Fatima, les gamins qui ont vu la Vierge, ou comme Bernadette à Lourdes, je n'aurais rien dit pour ne pas avoir d'emmerdes. » Le lendemain, elle en a fait une chanson, « Bernadette » : trois gamins voient la Vierge, elle leur dit des secrets et eux de répondre : « Ne vous inquiétez pas, on n'en parlera pas, ça va rester entre nous. » La face du monde en eût sans doute été changée. Anne tournait tout cela en dérision.

Anne Sylvestre possédait une voiture verte, dénommée Berthe, une Volvo énorme et adorée. Avoir le permis, donc la permission de partir, de s'échapper pied au plancher quand elle le désirait, la réjouissait. Elle n'aimait pas qu'on la touche, elle était comme un chat à la moindre caresse, me dit un de ses amis : « C'est normal, parce qu'elle allait profondément dans l'intime, et qu'elle devait se protéger, sans se laisser enfermer. » Elle fuyait la confession forcée. À s'approcher de trop près, on pouvait se brûler les ailes. Parce qu'elle ne supportait pas que l'énigme, la sienne, celle des chansons, soit déflorée sans son consentement plein et entier.

Amen.

14

Alea jacta est

On a beau écrire pour ne pas mourir, mourir arrive toujours. Pour Anne Sylvestre, ce fut le jour de la Saint-André, un 30 novembre 2020. Patron des pêcheurs, saint André était un Juif de Galilée. Jésus le découvrit lançant ses filets dans le lac de Tibériade avec son frère Simon (devenu Pierre) et il leur fit cette proposition : « Suivez-moi, je vous ferai pêcheurs d'hommes. » Fille du printemps, née à deux pas de l'équinoxe d'été et des fêtes de la Saint-Jean, avec ses feux de joie, elle partit à l'hiver, au rythme des semailles. « À la Saint-André, la terre retournée, le blé semé, il peut neiger », observe la sagesse paysanne.

« Je suis du Charolais », avait précisé Anne la féministe lors d'une émission de télévision où elle s'était gaussée de l'Année de la femme, créée en France en 1975. Je rectifierai : Anne-Marie du Charolais de Saint-André-des-Arts. Les pieds plantés en Bourgogne, certes, elle n'en avait pas moins la tête dans les étoiles des cabarets. Très vite, on la traita en moyenâgeuse mal lunée, alors que, au fond, elle adorait les feux de la rampe.

Un jour, il y a peu, je buvais un café rue des Fossés-Saint-Jacques, à proximité du Panthéon. Sur un côté de trottoir se trouve une boutique, la Librairie portugaise et brésilienne, tenue par Michel Chandeigne, un artisan solitaire, traducteur, éditeur, féru de poésie et de littérature lusophones. Devant, il y a une place bien parisienne, avec arbres, fontaine, bancs publics, café terrasse. L'élégant immeuble d'en face est occupé par un autre empire : Universal Music. La première major mondiale qui a, petit à petit, englobé l'histoire discographique française, celle de Barclay, Philips, Polydor, etc., gagnant ainsi la guerre des concentrations industrielles.

J'avais rendez-vous avec un ami brésilien, un Bahianais « *alegre* », joyeux, apôtre de la jouissance immédiate de la vie, toujours conjuguée au présent. Il vient d'acheter, et me l'offre, le *Sermon de saint Antoine aux poissons*, écrit en 1654 par un célèbre jésuite portugais officiant au Brésil, le père Antonio Vieira. La figure du poisson volant, assimilé à Lucifer, parce qu'il cherche à s'élever au-dessus de sa condition angélique, nous fait beaucoup rire. Antonio Vieira s'amusait des métaphores et des contraires. Le missionnaire prêchait la paix, mais ne sut résister à la guerre, presque mécanique chez les hommes – « *S'il fallait faire la guerre / Mon beau / Bien sûr tu irais la faire / Bravo / Et malgré que tu détestes / Les fusils et tout le reste / Ton dernier regard / Je ne l'aurais pas sur le quai d'la gare / Ton dernier regard / Tu me le donnerais trop tard* », écrivait Anne Sylvestre dans « S'il fallait faire la guerre », fine description du mécanisme grégaire et de ses origines, sur les bancs d'école où les garçons partent courir dans la lande lorsque les filles les « embarrassent » et restent auprès de leur maman.

Antonio Vieira défendit le Portugal contre la Hollande qui avait soustrait en 1630 une partie du Brésil au pouvoir lisboète. Il défendit les Juifs alors venus d'Amsterdam, puis expulsés par l'Inquisition lors de la défaite hollandaise en 1654. Il défendit les peuples indigènes, massacrés avec constance. Tout cela causa bien des déboires au talentueux prédicateur, mais lui fournit un public passionné par son discours enflammé et pourtant tout en nuance.

Bien que cannibales, nous sommes semblables aux poissons, affirme Antonio Vieira dans son *Sermon de saint Antoine aux poissons*. « Deux armées se livrent bataille ; les hommes se précipitent sur la pointe des piques, des lances et des épées. Et pourquoi ? Parce que quelqu'un les a appâtés et les a leurrés avec deux bouts de chiffons », accrochés là par l'effet de la vanité, selon le prédicateur – chiffon blanc pour la croix de Malte, vert pour la croix d'Aviz, rouge pour la croix du Christ et de saint Jacques. « Et pour pouvoir mettre ce bout de chiffon sur leur poitrine, les hommes n'hésitent pas à aller s'enferrer et à avaler l'hameçon. Et qu'arrive-t-il ensuite ? La même chose qu'à vous : celui qui a avalé l'hameçon meurt tôt ou tard, et les mêmes bouts de chiffon sont de nouveau accrochés à l'hameçon pour pêcher d'autres victimes. »

J'aurais bien voulu parler à Anne de ce sermon si marquant dans l'histoire de l'Empire portugais. J'aurais voulu lui en parler, parce qu'elle aimait la mer, les poissons, le vent et le refus instinctif de la raison du plus fort « des gens qui doutent ». « *Et tant pis pour vos fesses qui ont fait ce qu'elles ont pu* », concluait-elle, complice, mais sans l'ombre d'un sentiment compassionnel.

Il y a bien des sujets dont j'aurais aimé parler avec elle. Anne m'intriguait. Née sous le signe des Gémeaux, signe d'air, inconstant, double, curieux, elle développait des stratégies d'évitement. Parfois, côté business, elle avait l'air carrée. Après avoir navigué en eaux saumâtres, elle avait repris la barre, devenant première femme productrice de ses œuvres à part entière, dès 1973. Elle administrait sa carrière seule, ou presque. Avec quelques fidèles, un cercle rétréci, mais créant un peu de confusion tant son œuvre était profuse – et que déléguer n'était pas son fort. Puis, en 2018, discrètement, elle fonde une nouvelle maison d'éditions, BC Musique pour gérer la suite – même sans elle.

Femme libre, elle a mené sa barque sans dériver, ne s'est jamais sentie redevable. Le renvoi d'ascenseur n'était pas le genre de la maison. Certes, son amie féministe Antoinette Fouque la sauva de la faillite morale en l'hébergeant avec ses filles au mitan des années 1970, mais cela ne l'oblige en rien. Aucune pique, aucun chiffon, aucun hameçon, pas même celui du MLF. Au rayon de la compromission, elle est en acier. De la trempe d'un Jacques Brel, un gars à la fierté insoluble.

À l'été 1967, Brel s'adresse ainsi à Jacques Canetti, le très cultivé directeur artistique de Philips et patron du Théâtre des Trois Baudets, qui a présidé à ses débuts et à ceux de Guy Béart ou d'Anne Sylvestre – Canetti le raconte dans son autobiographie, *On cherche jeune homme aimant la musique...* [1]: « Vous croyez sans doute que j'ai de la gratitude à votre égard ou que je devrais en avoir ? » Le producteur en reste coi, « sans illusion ».

Brel précise qu'il a fait cinquante enregistrements pour Philips, qu'il a tout subi, conseils, humiliations, moqueries, et évoque ces tournées où « la bande à Brassens », qui l'avait surnommé l'Abbé Brel, s'adressait à lui en rigolant : « Qu'est-ce que tu prendras, l'Abbé Brel, une chartreuse ? Une bénédictine ? » Brel, écorché, malade jusqu'à vomir avant chaque entrée en scène, résume : « Je vous ai donné Jacques Brel à découvrir, n'est-ce pas assez ? Que voulez-vous de plus ? Que je porte votre nom gravé sur mon costume de scène ? » Canetti s'incline élégamment, Brel part aux Marquises, et Anne Sylvestre résiste.

J'aurais eu d'autres questions à poser à Anne, je lui aurais redit mon admiration des chanteuses et des chanteurs, lancés seuls devant leur public, sans troupe, sans autres acteurs comme au théâtre, sans équipe ni metteur en scène comme au cinéma, portant sur leurs

1. Calmann-Lévy, 1978.

épaules l'entièreté de la réussite ou de l'échec. Couacs ou méforme des musiciens, pannes de micro : le chanteur paie l'addition. « Elle avait à la fois tout pour réussir et tout pour échouer », commentait Jacques Canetti à propos de cette « solide Lyonnaise » qui ne lui avait pas tapé dans l'œil et n'avait rien fait pour. Pourquoi ? Elle avait de bonnes chansons, mais « Anne éprouvait des difficultés à établir le contact ». Petit à petit naquit entre eux un respect mutuel.

Je relis l'interview qu'elle a donnée en novembre 2018 à la journaliste Annick Cojean pour *Le Monde*. La scène ? « J'étais terrifiée, mes genoux flageolaient. Défendre ses propres textes, c'est exposer aux autres ses tripes et son cœur. Et, les premiers soirs, je pleurais après avoir chanté mes trois chansons en début de spectacle. Je courais m'enfermer aux toilettes, désespérée à l'idée de n'être pas à la hauteur de ceux qui chantaient après moi. » Le lendemain, poursuit-elle, « je revenais ». Pourquoi ? « J'avais envie. J'ai retrouvé sur un de mes cahiers de l'époque cette phrase qui pourrait être une devise : "Là où j'ai peur, j'irai." »

Anne Sylvestre aimait et n'aimait pas qu'on parlât d'elle, par timidité, mais aussi par peur de la dévoration. Et pour supporter cette humanité gloutonne, elle a biaisé, elle a fait la carpe et l'anguille. Elle s'est dévouée à l'exploration de zones de troubles, ni blanches, ni noires, ni grises, juste diffuses et insaisissables. Anne-Marie Beugras s'était créé des armures, comme tous les artistes. Ces hyper-sensibles ont la réputation de se protéger par un ego surdéveloppé pour moins s'apitoyer sur leurs congénères – on repense aux mots de son camarade Guy Béart dans « Parlez-moi de moi, y a que ça qui m'intéresse »: « *Comme c'est touchant ce que vous vivez / Mon Dieu vous racontez bien vos angoisses / Ce que les méchants vous ont fait baver / Entre nous, tous vos problèmes m'agacent.* »

Tout cela me paraît bien droit, bien tracé pour quelqu'un qui ne cachait pas ses hésitations, et dont le fort instinct de méfiance poussait vers un champ de prédilection particulièrement périlleux: le flou. Les zones intermédiaires, les bizarreries mal rangées, le diable et le bon Dieu réunis dans un même corps, les forces et les fêlures dans les vases du même étang. En même temps, nul autre n'a disséqué avec une telle précision les attendus du flou. Thèse, antithèse, et morale de l'histoire. Souvent la même: le jugement détourne de la vérité – qui n'existe d'ailleurs pas.

Et parce qu'elle pratiquait cet art du trouble, elle a certainement écrit, plus que ses contemporain·e·s, l'ampleur du désir, qui est libre, n'a ni bornes ni sexe. En 1961, elle compose « Tiens-toi droit », injonction communément adressée aux enfants enclins à l'affalement, ou encore mot d'ordre politique. Au début, on le comprend comme une moquerie – « *Si tu t'arrondis, tu auras l'air de quoi ?* » –, mais chez Anne Sylvestre, ça finit toujours hors champ: « *Je n'veux pas de ponts je veux des rivières / Je veux des torrents où tourbillonner / Je veux cette vie je la veux entière / Même si mon cœur y doit suffoquer.* » Comme elle a un air revêche, qu'elle se refuse à faire les yeux doux à quiconque et qu'elle écrit des chansons pour les enfants – autre rideau occultant –, cette féminité amoureuse, pourtant si présente dans son œuvre, lui est niée.

Ainsi, la vie d'Anne Sylvestre lui a-t-elle été dérobée. Par sa parentèle d'abord – le père collabo, le frère disparu à jamais sous les bombes, etc. Et puis parce qu'elle l'a voulu. En portant le lourd secret familial, en envoyant promener tous ceux qui auraient désiré s'approprier son succès, et ceux qui soulignaient ses défaites. Elle a beaucoup crié à l'injustice. Elle n'eut ni tort ni raison. Alors que sa carrière décollait, les baby-boomers imposèrent le rock américain. Fière d'appartenir à une génération d'auteurs-compositeurs et interprètes attachés au texte (de Brassens à Brel, en passant par Béart, etc.), cette transposition française l'affligeait. Pour elle, et ses semblables, ces onomatopées rock flirtaient avec le ridicule ; les contorsions des groupies face à des idoles en carton-pâte frisaient l'indécence.

En 1956, alors qu'Anne Sylvestre chante encore à la veillée aux Glénans, Jacques Canetti rapporte des USA un disque de Bill Haley and His Comets, *Rock around the Clock*. Sensible au succès du titre outre-Atlantique, il demande au jeune chef d'orchestre Michel Legrand d'imaginer quatre titres rock pour lancer ce nouveau rythme en France. Pour en découdre avec la mode naissante d'une musique qu'il juge insignifiante, Legrand embauche Henri Salvador et Boris Vian. En un après-midi, Vian écrit des paroles débiles, ironise sur « Rock'n'roll Mops » ou « Va t'faire cuire un œuf, man »...

Pour parachever le canular, la brigade anti-rock avance cachée, sous pseudonymes : Henry Cording pour Salvador, Big Mike pour Legrand, Vernon Sullivan pour Vian et Jack K. Netty pour Canetti. Personne n'est obligé d'avoir raison, mais on peut se tromper. Six ans plus tard, Canetti claquera la porte de chez Philips avec fracas, n'ayant pas supporté l'arrivée du marketing Johnny Hallyday dans son label et encore moins la destruction de l'Alhambra par des fans, comme si un théâtre n'était plus un sanctuaire. Canetti créa son label, fit chanter Reggiani et Jeanne Moreau. Anne Sylvestre, elle, tourna la page, toujours et encore double, râleuse et rieuse.

J'aurais voulu l'entretenir de plaisirs immédiats : avait-elle dansé sur « Be My Baby » des Ronettes ? En janvier 2022, à la mort de Ronnie Bennett, femme du producteur féminicide Phil Spector, on entend ce tube de 1963 sur toutes les ondes. Oh, comme cette simple invitation à tomber amoureux est rafraîchissante en pleine guerre de tranchées sur le passe vaccinal et l'identité française (de ça aussi, j'aurais bien voulu discuter avec Anne) !

D'une chose nous avions parlé : de la fadeur ambiante, de notre capacité à l'indignation émoussée. Ensemble, nous avions verbalement protesté contre les crédules, séduits par les mensonges, les manœuvres de basse politique, les poudres aux yeux. Nous avions ri des convertis aux mécanismes d'asservissement proposés sous forme d'algorithmes ou d'enceintes connectées.

J'aurais bien voulu lui parler encore, l'entendre, peut-être, s'exaspérer, comme moi, de celles et ceux qui, quand on évoque les drones de surveillance, de reconnaissance faciale, la suprématie des Smartphones, les contrôles identitaires, le réchauffement du climat, des dangers du nucléaire, nous rétorquent (énervés, puisqu'on les dérange) : « Mais je ne vois pas où est le problème. »

« Le sel empêche la terre de se corrompre, mais quand la terre est à ce point corrompue que l'est la nôtre, alors qu'il est tant de prédicateurs qui jouent ici-bas le rôle du sel, quelle est, ou quelle peut être, la cause de cette corruption ? interroge le père Antonio Vieira. Ou bien c'est que la terre ne sale pas, ou bien c'est que la terre ne se laisse pas saler. » Ou que le sel ne sale pas, et qu'en l'affirmant, les prédicateurs ont menti, etc. – la démonstration est longue, mais le jésuite reconnaît une qualité aux poissons : « Ils écoutent et ne parlent pas. » Seul inconvénient à l'exercice : ils sont impossibles à convertir.

Les poissons chez Anne Sylvestre vivent dans un jardin extraordinaire, en liberté : « *Dans le jardin des poissons / Les algues sont / Tout en dentelles / Dans le jardin des poissons / Les algues sont / Tout en frissons / Et les poissons s'y promènent / Vont et viennent / Font des tours / Et les poissons s'y prélassent / Volte-face / Nuit et jour.* » Insaisissables, sauf au perfide hameçon. Ainsi avançait, et s'échappait à la première alerte, Anne Sylvestre, qui aimait tant la mer et ses poissons.

Remerciements

Merci à Anne Sylvestre qui, de son vivant, m'a accordé sa confiance, à sa famille, en particulier à Alice Yonnet-Droux et Marie Chaix, aux éditions BC Musique, à Bodo, à Sébastien d'Assigny, à Serge Hureau et Olivier Hussenet, au Hall de la chanson.

Chansons citées d'Anne Sylvestre

Paroles et musique Anne Sylvestre.

© *BC Musique :*
Elle faisait la gueule.
Trop tard pour être une star.
Les chemins du vent.
Au bord des larmes.
Des nouilles.
Une sorcière comme les autres.
Des fleurs pour Gabrielle.
Roméo et Judith.
Les dames de mon quartier.
Les amis d'autrefois.
Les pierres dans mon jardin.
Berceuse pour un ouragan.
Qu'est ce que j'oublie.
Le p'tit grenier.
La quarantaine.
Les grandes balades.
Coïncidences.
Écrire pour ne pas mourir.

Le lac Saint-Sébastien.
Western.
Flou.
Les gens qui doutent.
Les dames de mon quartier.
Me v'là.
Partage des eaux.
Ruisseau bleu.
Frangines.
Non tu n'as pas nom.
La vache engagée.
Douce maison.
Juste une femme.
Les yaourts à tout.
Si j'étais un poisson.
Pour ne pas se laver les mains.
Berceuse pour rêver.
Violette.
Pour se laver les oreilles.
Nono.
Veux-tu monter dans mon bateau.
Laissez les enfants.
Les rescapés des *Fabulettes*.
Maman elle est pas si bien que ça.
Un mur pour pleurer.
La faute à Ève.
Regrets d'une punaise.
Dans le jardin des poissons.
Bye Mélanco.

© *Alleluia :*
Plate prière.
S'il fallait faire la guerre.
Depuis le temps que j'l'attends mon prince charmant.
Chanson dégagée.
Berceuse pour moi.

© *Warner Chappell Music France :*
Tiens-toi droit (Éditeur : Tutti Intersong Éditions Musicales SARL).
Porteuse d'eau (Éditeur : Tutti Intersong Éditions Musicales SARL – sous éditeur : Warner Chappell Music France).
Cathédrales (Éditeur : Tutti Intersong Éditions Musicales SARL).

Discographie

1961 : *Anne Sylvestre chante…*
1962 : *Fabulettes.*
1962 : *La Femme du vent.*
1963 : *Vous aviez, ma belle.*
1964 : *T'en souviens-tu la Seine.*
1965 : *Lazare et Cécile.*
1967 : *Berceuse pour moi.*
1968 : *Mousse.*
1969 : *Aveu.*
1971 : *Abel, Caïn, mon fils.*
1973 : *Les Pierres dans mon jardin.*
1975 : *Une sorcière comme les autres.*
1976 : *Les Nouvelles Fabulettes – Mercredisque géant 1.*
1977 : *Chansons pour – ABCDisque géant 1.*
1977 : *Comment je m'appelle.*
1978 : *J'ai de bonnes nouvelles.*
1979 : *La rue, l'école, le square – Mercredisque géant 2.*
1979 : *La Petite Josette : 3 Aventures – ABCDisque géant 2.*
1981 : *Dans la vie en vrai.*
1981 : *Joyeux Noël ! – Mercredisque géant 3.*
1982 : *Chansons pour tous les temps – ABCDisque géant 3.*

1985 : *Écrire pour ne pas mourir.*
1983 : *Fabulettes en couleur – Mercredisque géant 4.*
1985 : *Fabulettes marines – Mercredisque géant 5.*
1986 : *Tant de choses à vous dire.*
1987 : *Les Premières Fabulettes – Mercredisque géant 6.*
1989 : *La Ballade de Calamity Jane.*
1992 : *Les Fabulettes* vol. 11 : *Tournez Fabulettes.*
1994 : *D'amour et de mots.*
1994 : *Les Fabulettes* vol. 12 : *Fabulettes pour de rire.*
1995 : *Les Fabulettes* vol. 3 : *Nouvelles Fabulettes.*
1995 : *Les Fabulettes* vol. 8 : *La Petite Josette.*
1995 : *Les Fabulettes* vol. 9 : *Joyeux Noël.*
1996 : *Les Fabulettes* vol. 13 : *Les mots magiques.*
1997 : *Chante... au bord de La Fontaine.*
1998 : *Les Fabulettes* vol. 14 : *Fabulettes aux oiseaux.*
1998 : *Les Fabulettes* vol. 10 : *Fabulettes à manger.*
1998 : *Les Fabulettes* vol. 4 : *La ville aux enfants.*
1998 : *Les Fabulettes* vol. 5 : *Fabulettes en couleurs.*
1998 : *Les Fabulettes* vol. 6 : *Fabulettes marines.*
1998 : *Les Fabulettes* vol. 7 : *Les premières Fabulettes.*
1998 : *Les Fabulettes* vol. 1 : *Chansons pour....*
1998 : *Les Fabulettes* vol. 2 : *Chansons pour tous les temps.*
1998 : *Les Arbres verts.*
2000 : *Les Fabulettes* vol. 15 : *Chansons pour tous les jours.*
2000 : *Partage des eaux.*
2002 : *Les Fabulettes* vol. 16 : *Fabulettes aux lumières.*
2003 : *Les Chemins du vent.*
2006 : *Les Fabulettes* vol. 17 : *Fabulettes à lunettes.*
2007 : *Bye Mélanco.*
2009 : *Les Fabulettes* vol. 18 : *Le retour de la petite Josette.*
2013 : *Juste une femme.*

Table des matières

Achevé d'imprimer sur Roto-Page
par l'Imprimerie Floch à Mayenne
en avril 2022.
Numéro d'imprimeur : 100281.

Imprimé en France.